圖解

五南圖書出版公司 印行

圖解系列

兒童及青少年輔導與諮商

閱讀文字

理解內容

觀看圖表

圖解讓
兒童及青少年
輔導與諮商
更簡單

序言

　　近年來因為校園霸凌嚴重，教育部於是決定增加學校輔導人力，尤其是專任輔導教師部分，都會區如臺北、高雄兩市，還有諮商師、心理師與或社工人員進駐校園，當然這些人力的挹注，不只需要有遠見及專業人士的努力，更需要有財力為後援。許多縣市的專輔教師員額仍嚴重不足（以屏東為例，至撰稿時為止，只有六所國小有專輔教師），若遇到需要協助的學生，還得後送縣市的學生諮商中心，然而諮商中心若無規劃與制度，常常在篩選階段就因延宕時日過久，根本是遠水救不了近火；許多縣市的學生諮商中心最大問題仍在於專業人員無法合作，因為一般中心會納入諮商師與社工師，但是人員流動頻繁、加上兩方人馬對案例的看法與做法不同，自然無法達到合作的效果。

　　所謂「早期發現、早期治療」，一來治療或痊癒較容易，二來也減少消耗許多的社會成本，這也是為什麼諮商輔導需要早些介入的主因，針對年紀越小的當事人，如果能夠更早做協助及處理，未來需要做的以及所花費的社會成本就更少。專輔教師的設置固然是多方人士努力的成果，很重要，也值得稱許，然而多數的專輔教師還要負責教學與行政，根本不是專業任用，再者，不少專輔教師一人要肩負全校師生的身心衛生與輔導業務，也是不能承受之重，還加上專輔教師的實務經驗不足，更是雪上加霜。站在專業助人的立場，我們當然希望輔導專業往下扎根最好，可以讓家長在孩子入學之前就知道如何善加使用，可以防患未然，未來社會成本也會減少許多，目前從國小專輔教師開始，也未嘗不是一個很好的起步，因此本書希望可以針對國小至高中階段學齡孩子的輔導與諮商做簡要介紹，期望達到理論與實務儘量平衡，讓讀者可當工具書使用。

序言

第5章　兒童與青少年生涯與學習輔導

第6章 兒童與青少年輔導／諮商需注意事項

第7章 班級輔導與團體諮商

第 8 章 諮詢

第1章
諮商師的準備

學習目標：

　本章就服務對象為兒童與青少年的輔導教師或諮商師應具備之能力與準備做介紹。諮商師需要了解自己成為助人專業者的動機，心與熱忱最重要，技巧在其次。諮商師需要了解服務對象的發展階段與需求、環境脈絡，並結合與運用適當資源，也要持續進修與接受督導，成為更有效能的諮商師。

1-1 **了解選擇諮商成為志業的意圖與必備心態**

諮商師與輔導教師是經過系統訓練及國家考試認證通過的專業助人者，在學校的訓練課程裡，不僅需要有諮商輔導的基本與進階訓練，還要有教學、教室管理等教育學程的訓練。一般諮商所是以成人為對象所安排的課程，因此若是服務對象不同（如兒童、青少年、身心障礙、受暴婦女或老人族群），也都需要進階的教育與實務實習，才可以有信心地接案、提供服務。以屏東大學教育心理與輔導學系的大學部課程而言，學生在大一開始就有基本普通心理學、人類發展、生命教育的訓練，接著是教育心理學、輔導原理與實務、助人歷程、諮商理論與技術的專業基礎課程，大三開始才有個別諮商、團體諮商、家族治療、兒童與青少年輔導、生涯諮商及親職教育等進階運用課程，等到大四實習時，在這些基本功都完竣的情況下，才可以慢慢應用在實際工作場域或生活中。

有人進入諮商師訓練課程，將其當作是職業訓練的一個過程，可能是因專業助人者名聲好、社會聲望較高或是收入不差，也有人將諮商當作畢生志業，希望可以結合自己的個性與生活，成為貢獻社會的一種途徑。在正式進入諮商師訓練課程之前，得先要問問自己「為什麼想要做諮商師？」了解自己的動機，才會更清楚這個專業助人的工作適不適合自己、能不能忍受與熬過艱苦的訓練？

許多學習諮商的人，在進入諮商所之初是為了更了解自己，因為許多課程與教師都讓學習者對自我更認識、更能接受自己，然後才會想要真誠協助他人、將其當作一生之職志。若是選擇兒童或青少年為服務對象，自己的動機為何？只是因為職業的選擇，還是其他考量？都需要做檢視。

心與熱忱最重要

助人專業最重要的不是技術，而是「心」與熱忱，因為輔導諮商不是匠工之事，如何維持願意助人的心與熱忱，了解不同取向與學派的基本觀念，技術就會隨之而來，經驗老到的諮商師甚至會自己研發適合當事人的一些新技巧（當然這些新技巧是需要有實務與研究的證實）。諮商師的善意與熱情（慈悲與智慧），在實際接觸當事人之後，還得接受許多考驗，因此需要專業的知能做後盾，方能真正有效地協助當事人。諮商師的系統訓練過程很艱辛，約莫需要花費三年半到四年的時間，前兩年是專業知能訓練，接著是碩三全年實習（雖有督導，但需要自己獨當一面），然後完成論文，才取得諮商師考試的入門票，考上執照之後有執業資格，但還需要靠市場淘汰機制，才慢慢淬煉成有效能的諮商師。

小博士解說

我國學校輔導教師基本上是受過輔導與教學課程及訓練的，在臨床實務上的能力稍嫌不足，因此需要加強相關諮商專業知能。若是受過研究所的諮商師訓練，因為有碩二、碩三的實習，因此在臨床實務上較不陌生，但是若要從事對兒童與青少年的服務，就需要了解此族群之發展特色、生態系統、學校文化與適用的技巧等。

成為助人專業的動機（Schneider Corey, & Corey, 2011）

助人動機	可能的危機
我想要對他人造成影響	因為重視當事人的改變，可能會從「賦能」（使對方覺得有能力或力量）當事人而獲得滿足，若當事人無意改變，就容易受挫或灰心。
我想要回饋曾經幫助過我的人	自己曾經受到協助，轉而想要幫助他人，也可能因為過度幫助，而讓當事人覺得無能或無自信。
我想要照顧別人	是因為自小就有的習慣，也成為個人認同的一部分，但是這種單向的照顧，一來不一定得到認可或喜愛，二來容易身心耗竭。
我想要協助自己、做自我療癒	諮商師有過創傷經驗，容易過度同理當事人，或將當事人視為自己的延伸，失去客觀性，反而未能協助當事人。
我想要被需要	覺得「被需要」很重要，若他人無感激就會失落或憤怒，也可能忽略自身的需求。
我想要有名望、地位與權力	這一行有時候必須要與許多弱勢族群工作，經濟上的酬賞並不豐厚。倘若諮商師以收入為考量，是否就不去幫助需要協助的人，或是讓可以結案的人持續接受治療？這是否也違反了專業助人的善意與本質？
我想要為問題提供解答	很多時候一個問題並沒有唯一的解決方式或根本無法解決，有行動做改變的還是當事人本身，若當事人無改變意願或動機，諮商師就容易受挫或認為當事人不合作。
我想要獲得掌控	生活中有適度的掌控是正常的，倘若想控制更多，甚至涉及他人的生活，不僅對方可能會產生反感或抵抗，諮商師本身也會有情緒上的失調或失控。

有效能的諮商師要件（修慧蘭等譯, 2016, pp.19~20）

展現有效的人際互動技巧

對自己有足夠認同

維持健康的人際界限

活在當下

展現熱情

能接受改變

會犯錯並承認及做修正

可靠、真摯與誠實

全神貫注於工作並從中衍生出意義

能選擇與經營自己的生活

有幽默感

重視文化的影響

真誠關心他人福祉

1-2 了解選擇諮商成為志業的意圖與必備心態（續一）

了解所服務的族群

如前所述，一般大學院校對於輔導教師與諮商師的訓練，基本上是以成人諮商理論與技術為基礎，因此接下來諮商師或輔導教師還要對自己想要服務的族群做更進一步的了解，才能在這樣的基礎之下，有效地協助當事人。即便是兒童及青少年族群，都尚在發展階段，但是要注意到每個族群都有不同的次文化，依據他們不同的背景、經驗、居住處等，而有不同的文化差異，他們所表現出來的次文化也不一樣。因此，諮商師或輔導教師不僅要對這個族群的一般發展階段、特色與任務有所了解外，還要針對自己所服務區域對象的個人的特殊性做多元文化的探索與了解，並養成需要的相關能力。

認清自己的身分與立場

諮商過程中，諮商師與當事人是彼此相互影響的，而諮商師的反應也可能呈現自己的偏見或是心理需求，諮商師需要能夠覺察（Smith-Adcock & Pereira, 2017, pp.100~101）。諮商師與輔導教師在碰到兒童或青少年當事人時，常常會以成人或是教師的姿態來對待當事人，對於治療關係的建立會有阻礙，這也是諮商師在自我覺察與自我議題上，必須注意的一點。相對地，當兒童與青少年在面對成人諮商師或輔導教師時，也不免會因成人的年紀或權威而感到不自在，因為有基本上的權力和位階的落差，對於青少年和兒童來說，都是一個潛在威脅之所在。諮商師要能欣賞當事人對世界的獨特觀點、尊重當事人的意見或想法，才能進一步與當事人建立關係。

在學校擔任輔導或諮商工作，第一個要克服的就是位階及權力的議題，也就是基本上兒童與青少年在面對成人時，是站在一個相對的位置上，兒童與青少年在一般的生活經驗中（相對於成人而言），也是較弱勢的，因此他們對於成人既有的權力與地位會害怕或是不信任，這些也都可能出現在諮商場域裡。其次要注意的是可能的角色衝突議題；學校的輔導老師如果還需要擔任課程教學，不免會有角色與職責上的衝突，在課堂上是老師，而在諮商室是一位諮商師，兩者的立場與角度不一樣，因此要特別注意自己的界限與角色問題，在與當事人建立關係時，也可能需要多費一些心力。

然而，兒童與青少年最重要的一個資產（或特色）就是單純，因此是最有潛能修正錯誤的，加上他們很重視「真誠」，因此就如同日常生活中一樣，要誠懇真誠地對待當事人，當事人也能夠接收到這些善意、願意進一步接納諮商師或輔導教師的協助。諮商師在兒童與青少年心目中還是一位角色典範，言行舉止都可能對當事人有重大影響力，因此不可不慎！

小博士解說

兒童與青少年因為還在發展階段，因此他們的認知、情緒與語言能力尚未達到成熟的程度，所以在很多的情況下（尤其是在情緒影響下），常常用行為來表現遭遇到的困擾或問題，因此諮商師需要進一步了解與釐清他們這些行為之下的真正動機及感受。

學校專任輔導教師直接服務項目與內涵

直接服務	說明
個別諮商	以直接面對面方式進行晤談，次數依需要而定。
團體諮商	以不同議題為主軸，可由不同年級或班級學生參與，設計一系列相關主題的活動與討論，企圖減緩問題或提升學生自信（如社交害羞、暴力行為、自我認識等主題）。
班級輔導	以全校性或各班關切的特殊議題為主，設計適當的班級活動，以為預防或教育之目的（如人際關係、合作、友善語言的使用）。或是在全校宣導活動之後，更進一步擬定相關之深化活動，就可以用「班級輔導」方式進行。
全校宣導	針對學校每學期的教育或輔導重點做宣導（如生命教育、霸凌防治、性別平等），以達預防、教育與發展之目的。
信件或網路服務	以公開或私人信件方式回應或說明解釋學生關切的議題，如設立「小白鴿」信箱，接受學生的問題、並做書面回覆，網路信件服務也在其中。
測驗	提供適當標準化測驗與解釋，讓學生可以更了解自己，並協助做重要決定之參考。
諮詢	提供同事或家長諮詢與建議，以協助第三者（通常是學生）。
資訊提供	有關升學或就業，甚至是教育與親職方面的相關資訊。
教師、家長或學生增能訓練	設計與提供教職員同仁有關輔導相關知能研習，或協助同仁設計與執行輔導相關活動，培訓義工家長一些輔導知能，或是培訓學生作為輔導小義工等。

 諮商師自我覺察項目

覺察項目 **說明**

覺察項目	說明
知覺與行為	藉由五官等知覺去感受，然後從動作或聲音管道來表現。
感受	情緒與生理的感受，像是手掌出汗或心跳加速等。
慾望（想要）	對於未來事情的展望或希冀，像是將面臨的畢業、大學選系或就業等。
價值與評價	比上列更廣泛的經驗，像是對他人的評價、社會或靈性議題看法等。

1-3 了解選擇諮商成為志業的意圖 與必備心態（續二）

學習諮商首先運用於自身

學習諮商是一個生涯的選擇，也需要將此專業融入自己與生活的一部分，不可分割。諮商技巧是一種能力，經常練習就可成為自己擅長的技能。學習諮商與其他科系一樣，要先將其用在自己身上，如果有效，就可進一步運用在重要他人與當事人身上。諮商師若要說服人，自己必須身體力行，有效之後才敢運用在當事人身上，也才不會心虛。

要學習助人之前，先幫助自己。諮商師學習諮商專業最先獲益的是自己，然後是周遭的重要他人，最後才是當事人受益。諮商師或輔導教師的自我覺察與進修是當事人之福，自我覺察可以增進對於自身與事物的敏銳度，養成覺察習慣之後，覺察速度會增進，接著就會有改善或改變的行動跟進。

持續進修諮商專業

若是特別針對兒童和青少年作為服務對象的諮商師或輔導教師，必須針對兒童及青少年族群的發展特色與任務、次文化等相關議題等做深入了解與認識，不管是從事相關研究、參與研討會或繼續教育，甚至閱讀許多研究與書籍，才能真正有效地服務當事人。

所謂「滿招損、謙受益」，諮商師感覺自己的不足，才會有動力持續進修與成長，這也是當事人之福。事實上在臨床現場，諮商師也不得不努力進修或汲取最新資訊。由於服務對象不同，諮商師可以組成非正式或正式的研討群組，給予彼此支持，也有商議的對象。可以針對自己所服務的族群做相關研究，乃是將理論與實務做結合的最佳方式，而且諮商師在臨床現場，一定會遭遇許多問題與挑戰，也會想找出問題根源或解決之道，若能為問題找到答案，不僅可嘉惠當事人及其族群，也可讓諮商有效性更添一筆。

感謝當事人是我們的老師

諮商師從生澀到成熟，除了學院裡的系統專業訓練與本身持續努力進修之外，最需要感謝的是當事人，與當事人面對面的臨床經驗，讓我們成為更有效能（或「更好」）的諮商師，因此要感謝當事人願意讓我們做實驗、相信我們，讓我們慢慢成為更熟成的專業助人者。面對兒童與青少年當事人，挑戰並不少於成人，尤其兒童與青少年正值發展、長自己的階段，最需要被聆聽與認可，這也是此階段的個體最需要、卻是最缺乏的，諮商師就是一位很好的傾聽者與陪伴人選，可彌補此處之不足，並看見當事人的優勢與潛能，讓他們有能力與勇氣面對生活試煉。

小博士解說

青春期孩子的自我概念通常與身體意象有關，非常重視同儕如何看待自己，他們對於情緒刺激也較為敏感，常常會將中性刺激視為威脅，也較容易情緒低落（Dixon, Rice, &Rumsey, 2017, p.324）。媒體對於青春期孩子的自我概念、人際關係有相當大的影響，許多霸凌行為也是藉由媒體散播，讓青春期孩子無所遁形。

學習諮商要運用於自身的理由

 不要將諮商與「讀心術」畫上等號，諮商人要先學會觀察、並實際運用，會讓自己對此專業更具信心。

 諮商是應用心理學（用來了解、解釋、預測與控制行為）的一門科學，還需要加上人性與藝術，也就是與個人生活密不可分。

 諮商是協助處理「人間事」，諮商師生活在人世間，自然也會遭遇到一般人會碰觸的事件與挑戰。

 諮商師對於自己與生活有更多體驗與反省，在協助當事人的過程中，也會較真實、實際而有感。

 諮商師將理論運用在自己生活上，真切體驗改變的過程與可能出現的困難或是解決之道，就更能有效協助當事人做改變。

 諮商師在改變他人之前，要先體驗自己是否可以做改變，成功了才運用在當事人身上，會更具說服力。

 諮商師自己在運用這些理論與技巧的過程中，會體會到自己的改變，甚至影響他人做改變，也因此更具信心。

 學諮商會越學越快樂。

完形學派對自我覺察的功效

（Zinker, 1978, cited in Sharf, 2012, p.226）

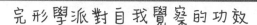

- 個體對於自我身體感受與環境有充分覺察。
- 個體擁有自己的經驗，而不會將自己的經驗投射在他人身上。
- 個體學會覺察自己的需求與滿足需求的技巧，同時不會妨礙他人的權益。
- 充分與知覺接觸，可以容許個體去欣賞自己所有的面向。
- 與其哀鳴、埋怨或讓他人有罪惡感，倒不如去體驗自我的力量以及自我支持的能力。
- 個人對於周遭人事物的敏銳度增加，同時可以保護自我免於危險環境的傷害。

 成功的諮商師必須具備的要件（Staton et al., 2007, p.148）

了解自己　了解當事人　了解與當事人的治療關係　有效運用治療關係　協助當事人改變

1-4 輔導教師或諮商師的連結功能與運用資源

以學校為基礎，成立輔導團隊

諮商不是獨立作業就可竟其功，專輔教師或諮商師在學校服務，除了要努力了解該校（或學生）的文化、與了同仁（特別是其他處室）建立良好關係，行有餘力還要走出輔導室與學校，與當地資源（包括硬體與軟體的人力）做有效連結，以這樣的生態觀點來進行輔導諮商工作，才可達事半而功倍。

絕大部分的小學會要求班級導師擔任第一線輔導人員，因為一來導師與學生相處時間較多（尤其國小還是帶班制），比較清楚學生個性、喜惡以及家庭背景；二來與學生關係較為親近、學生較信任班導，也較願意與班導談論自己遭遇的困擾與議題；再者，班導與家長們接觸或聯繫時間較多，彼此較為熟悉，較早建立可能的合作關係，為了孩子的福祉，彼此可以互通有無、做適當的「政策連線」。因此，就主、客觀因素來說，教師希望可以成為一位人師與良師，輔導知能可以協助老師達成目標，同時也讓教師成為有效能處理學生問題的專家。所以與班級導師的溝通與合作是輔導有效的必要條件，雖然極少數班級導師以自己為本位，不希望他人插手自己班上事務（包括學生），甚至認為自己若求助於他人或輔導室人員，有損自己教師專業形象與自我價值，當然也有一些級任老師老是把自己不喜歡的學生送往輔導室，這類型教師對於輔導工作都是需要克服的障礙，要努力去突破。

許多教師或家長不了解諮商的運作或功效，常常會因為看不到孩子的進步或改變，而在有意無意中「破壞」了諮商效果，因此輔導老師／諮商師也要結合當事人的重要資源（包括重要他人），甚至讓師長如何注意到孩子的進步或改變，這樣才能讓當事人有繼續改變的勇氣與支持。

國小專輔教師設立之後，許多學校（特別是南部縣市）都只有一位專輔教師，要負責全校的學生輔導工作或親師諮詢，加上繁瑣的行政工作，很容易身心耗竭，因此若能與熱心的兼／認輔教師組成一個團隊，彼此可以討論、商議、支持與成長，將是緩解業務壓力、增進輔導效能的不二法門。

雖然各縣市都有學生諮商師中心作為學校專輔老師的後送單位，但基本上學校的專輔老師還是需要負責該校所有輔導業務，而後送的機制各縣市不一樣，通常需要經過篩選機制，耗時甚長，因此等到需要的服務到位時，可能學生已經轉學、學生問題可能已經不存在或是情況加劇，有點緩不濟急，加上學生諮商中心員額有限，若對每位個案服務時間很長，可以提供的協助就更有限。

小博士解說

輔導教師是一門專業，但是也需要媒合資源、與其他專業人員（家長、醫師、社工等）合作，輔導教師要有生態觀點，才能真正為服務對象謀取更多福利。

擔任兒童諮商師需注意事項

（Erdman & Lampe, 1996, cited in Henderson & Thompson, 2011, pp.3~6）

- 了解兒童的認知與情緒發展程度。

- 資訊呈現的方法宜符合兒童發展程度。

- 善用具體例子、實作活動、清楚的解釋規則，且對行為後果要小心解釋。

- 兒童的自我中心特性，讓他們無法看到其他觀點，或難以檢驗自己的想法與推理過程。

- 兒童對時間、次數、頻率常搞不清楚。

- 兒童的記憶力與期望可能是扭曲的。

- 要理解一個現實——兒童對他們生存環境中許多層面的問題是無法掌控的。

- 兒童不想改變是可預料的，可能會出現哭泣、沉默、大笑、坐立不安、打架等行為。

 兒童不可缺的需求（Brazelton & Greenspan, 2000, cited in 王亦玲等譯，2015/2011, p.1-7~ 1-8）

成人在適當的期待下設限、提供架構與指引

在（認知、肢體、語言、情緒與社會）發展上給予適當協助

居住在穩定、支持與一致的社區內

依據個別差異的適性發展

持續不斷的滋養關係

基本人身安全保障

＋ 知識補充站

當事人飢餓或有依附問題時，諮商師偶爾可以提供一些飲料，像是藥草茶、果汁或者水（Vicario, & Hudgins-Mitchell, 2017, p.81）。

1-5 輔導教師或諮商師的連結功能
與運用資源（續一）

整合及善用在地資源

學校舉辦許多相關活動（像是運動會、家長會、親師座談、親職教育、危機處理、心理衛生等推廣活動或演講），還有教師的家庭訪視等，不僅拉近學校與家庭、社區關係的距離，學校也可以回饋地方，同時讓社區家長更了解學校可以做些什麼、提供哪些服務；此外，校方及教師也可以進一步取得社區家長以及重要人物的了解與合作。

輔導教師和諮商師還需要了解在地的所有資源（包括物資、設備、專業人員以及人力），結合在地的資源，甚至整合在地資源做有效發揮，通常可以讓諮商輔導工作更具效能，也可以讓當事人懂得運用在地資源來協助問題的解決，讓生活更滿意。輔導教師或諮商師也是社區的一分子，積極參與社區活動並提升社區居民生活品質與能力，同樣是諮商師與輔導教師的社會責任。如輔導教師或諮商師可以將「霸凌防治」作為該校（及該地區）的重點工作，並且做出效果（像是霸凌減少、友善鄰里），讓霸凌防治成為該地區的資源之一，這種「賦能」（讓當地居民有能力預防及處理霸凌相關事件）或將能力與資源留在當地的方式，可以成為社區的一項優勢，同時讓更多人因而受益。像是提供弱勢家庭的學童課業輔導，教會提供課輔場所、義工人員擔任個別輔導課業工作，也提供餐點或晚餐讓學童放學後可以略微充飢、更能專注有效學習，同時還可以進行家長的親子或親職諮詢，甚至進一步媒合讓失業家長有工作機會等，這些相關輔助項目，不僅能夠讓弱勢學童受到照顧，也嘉惠其家庭，整個社區自然也會更具生產力與和諧。

支持團隊或團體

除了結合學校兼輔老師、導師、科任老師、行政人員以及職員，讓輔導工作能順利進行、更具效能之外，輔導教師與諮商師最好有一個屬於自己的支持團隊（專輔教師團隊或其他助人專業者結合），大家可以固定做個案研討、諮詢與督導，彼此支持、打氣或是分享相關的新研究或訊息，也可以一起參加研討會或是演講、做固定團體督導，讓自己的專業知能不落伍且更精進，同時可避免專業耗竭。

來自不同學校的輔導教師可以成立專業團隊，彼此互助、支持與鼓勵，甚至一起商量、解決面對的難題，這些不管是實質或是心理上的支持，都可以減少專業教師的心力耗竭，也可以進一步結合該區內不同學校的資源，共同戮力為社區謀取更佳的福祉。

小博士解說

即使現在許多國小已有專輔老師的設置，然而輔導工作成效如何，還是與主校政者是不是重視輔導工作有關。

目前相關校園安全事件需通報者（整理自林家興，2014，p.209）

愛滋病毒感染

少女未婚懷孕

吸食毒品

中輟生

性侵害、性騷擾、性霸凌

兒童與少年保護違反事件

輔導衝突事件

學生暴力與不當行為

校園安全維護事件

學生意外事件

 三級預防處理事項與方式

預防層次	第一級預防	第二級預防	第三級預防
重點	發展性或預防性	補救性	治療性
目標	協助學生或個人在生理、心理、情緒與社會成熟上的發展	當學生行為發生偏差、學習困難時，就需要介入處理，其目的是及早做補救與修正，避免問題坐大	當學生行為與問題嚴重偏差時
處理方式	講座或宣導方式（實施心理衛生方案）	由認輔老師或輔導教師進行諮詢、諮商、團體諮商	做適當環境安置、轉介給諮商師或身心科醫師做較長期的治療
負責專業人員	導師、科任或認輔老師	社會工作者、輔導教師、諮商師	諮商師心理或精神醫師

第2章
兒童／青少年發展階段與特色

學習目標：

　　學習兒童與青少年因為還在慢慢成熟中，其在身、心、認知、情緒等方面的發展，與其行為、學習有重要關聯，加上科技進步與大環境的改變，置身其中的兒童與青少年也深受影響。本章針對兒童及青少年發展特色及重點作扼要敘述。

2-1　什麼是兒童與青少年諮商？

2-2　兒童與青少年發展特色

2-3　兒童與青少年發展特色（續一）

2-4　青春期主要發展任務

2-1 什麼是兒童與青少年諮商？

兒童原本不是受注意的對象，甚至曾被視為父母親的財產或是勞動力之一，一直到十七世紀教育學家盧梭 (Jacques Rousseau) 與洛克 (John Locke) 才強調要如何照顧兒童，十八世紀末才有專業期刊討論兒童的心理健康，直到 1960 年代中期才立法保護兒童權利（Henderson & Thompson, 2011/2015, pp.1~3）。若以兒童與青少年為輔導與諮商對象，最重要的是，諮商師或輔導教師必須先具有了解兒童與青少年發展特色的先備知識，以及隨著發展階段兒童與青少年可能面臨的一些挑戰。

有了相關的發展知識後，還需將現今兒童與青少年所處時代與環境脈絡列入考量，才可以進一步了解其所面臨的挑戰與議題，以及該如何進行協助。在學校擔任諮商師或輔導教師者，還需要對當地與該校文化進行了解，才可能與家長或社區重要領導人士、居民做更好的聯繫及合作。諮商與輔導不是個人獨力可以為之，而是需要結合當地或是可以運用的資源（包括人的資源），才可以讓改善或改變長久。

此外，兒童與青少年還在發育中，因此我們通常不會將其行為冠上「偏差」兩字，而是將其視為「不適應」。諮商師與教師的立場、角色不同，教師會注意到「同中之異」（也就是不符合常模的行為或表現），而諮商師正好相反，會看見孩子們的「異中之同」，以及努力過程與善良動機，也因為看見的不同，所以處理方式也會有差異。像是甲孩子幫忙洗碗而打破碗、乙孩子偷糖吃卻打破糖罐子，動機不一樣，應該有不同的處理方式。在我們的學校氛圍裡，常常看到學生行為的結果，卻不問其動機或用意，有時只是要趕快將事情處理完，也不願意花心思去探討可能的背後因素，身為諮商師或輔導教師，就需要去看到或猜測行為的「動機」。

不同發展階段的孩子，其發展任務、能力也有差別，所以還要考量當事人的「準備度」如何？雖然不需要刻意用「童話」語言或青少年特有的表達方式，然而認識與了解他們的專屬文化是很重要的，要不然會有文化與價值觀上的「代溝」出現，也就不容易與當事人建立良好關係。兒童與青少年都還在發展過程中，有時候語言與認知能力發展尚不完全，較容易以行動表示其情緒或想法，因此除了專心聆聽之外，協助其表達情緒及使用正確的情緒語彙也是很重要的，當孩子能夠以適當、正確的語言表達自己的需求與感受，也就不需要用行動或攻擊方式來傳達，這也是諮商師可發揮的教育功能之一。

本章會先從兒童與青少年發展階段特色及任務出發，也述及發展階段中可能面臨的挑戰。

小博士解說

每個人都是一種文化，擔任兒童及青少年的諮商師需要了解此族群的發展重點、特色以及次文化，若是在學校工作，更要清楚該校學生之組成、家長背景，以及社區可以運用的相關資源。

皮亞傑的認知發展階段
（整理自Henderson & Thompson, 2011/2015，pp.2-5~2-6）

 階段

感覺動作期

出生到 24 個月

用行動、身體去探索世界。

2~7 歲

兒童的行為和思考是「自我中心」的，無法以別人的角度來看事情，也相信每個人的看法都跟他一樣。兒童與同儕之間的互動，是化解前運思期「自我中心」最重要的因素。

前運思期

7~11 歲

有對話技巧，能逆向思考，欣賞他人觀點，在學習上需要具體協助，能夠區分現實與幻想，但抽象推理思考有困難。

具體運思期

11 歲以上

青少年能夠以邏輯、理性抽象的思考，來把事實跟想法連結在一起，也以多重的推理來消除矛盾。其思考特徵還有一個是「想像的觀眾」（這個與他們高度自我意識有關），以及因為有「個人神話」（因此會誇大對自己的期待），可能會做出不明智的冒險行為。

形式運思期

✛ 知識補充站

「認知發展」是短期記憶、長期知識和獲得知識策略成長的能力。（Pressley & McCormick, 2007，引自 Henderson & Thompson, 2011/2015，pp.2~8）

2-2 兒童與青少年的發展特色

孩子成長過程中發展最快的兩個時期是嬰幼兒期與青春期。從孩子進入學齡期開始，就必須要做許多改變，包括上學、學習靜坐專注上課、遵守班級與學校規則，對他們來說這些都是第一次經驗，自然會有許多不適應，但也因此會學習到定力及許多能力。青少年是從兒童過渡到成人的階段，因此變動很多，一般社會也對其較為容忍，期待其有改變機會（如法律之訂定）；青少年在尋求獨立、重視同儕的同時，也需要仰賴家長或成人給予支持與引導。

兒童發展特色

許多家長先讓兒童進入幼幼班及幼稚園，在少子化的現代尤其重要。讓孩子學會與他人相處的人際智慧，也慢慢習慣一些作息與衛生習慣，這是為其上正規學習的入門準備，也讓孩子學習去調適一些共同遵守的規範。剛入學的兒童則是需要學習如何靜坐一段時間，這樣才可以適應接下來的學習活動。

「遊戲」是兒童期最重要的活動，在遊戲中不只可以學習到許多技巧、社會經驗、團體規範，還可以與人互動、拓展自己的生活範圍、培養語言能力、增加生活智慧。「遊戲」也是人類社會的雛形，孩子從親身體驗裡學習第一手經驗，兒童許多的跑跳體能運動，不僅刺激其腦部發育與肢體活動技能，也養成健康身體、與人合作、排遣無聊時光的方式。兒童從大動作到細膩動作的練習及嫻熟度，可以讓其知道自己是有能力去做一些事情的，增加其自信心，也願意去拓展經驗、探索世界。

兒童的認知能力持續發展，中年級之前需要具體、示範教導，高年級以後，開始有抽象思考的能力，也會有驗證假設的能力、會自己去找答案，當然還是需要家長與成人的說明與指導。兒童可能礙於經驗值有限、思考不夠周密，加上語言表達能力還在發展中，許多時候會使用行動的方式來表示，不要誤解其動作，而應進一步探索其真正動機並做說明，可以讓兒童減少挫敗感或不被了解的難受。

每個兒童的各項發展或有速度上的不同，只要提供其適當的方式或練習，就可以慢慢跟上同儕。有些兒童可能有發展遲滯或是情緒障礙，現在已經有更精密、迅速的方式可以篩選出來，提早發現、及早治療或補救，可以讓孩子的未來不落人後、生活更快樂。

小博士解說

其實孩子的需要很少，主要是愛與陪伴，倘若這兩個條件足夠，孩子就可以成長得很好。

兒童（與主要照顧人）依附關係的型態與發展（整理自Henderson & Thompson, 2011/2015，p.2-8, p.2-106）

安全依附 父母親是溫暖、充滿愛和支持的。孩子長大後會認為自己是受到喜愛、被了解的，覺得親密感是舒服的，很少擔心被遺棄或與別人太過親密。愛情關係是信任、快樂與友誼。

逃避型依附 父母是要求的、不尊重和批評的。當孩子長大時，不太信任伴侶，擔心跟別人太靠近，相信別人不喜歡他們，認為愛很難捉摸，親密關係容易產生忌妒、情緒疏離、缺乏接納。

抗拒型依附 父母親是不可預期、不公平的。孩子擔心被所愛的人遺棄，人際關係充滿忌妒、情緒起伏不定和絕望。

艾利克森的兒童與青少年發展任務（Erikson, 1997, pp.32~33）

早期兒童期

優勢 意志

發展任務 自主 vs. 羞愧與懷疑

遊戲期

優勢 目標

發展任務 主動 vs. 罪惡感

學齡期

優勢 能力

發展任務 努力 vs. 不如人

青少年

優勢 忠誠

發展任務 認同 vs. 認同困惑

成人早期

優勢 愛

發展任務 親密 vs. 孤立

＋ 知識補充站

人類兩個發展的尖峰期，一個是在出生到兩歲以前，一個是青少年時期（女性快速成長是在11到14歲之間，男性則是在13到16歲之間）。

2-3 兒童與青少年發展特色（續一）

青少年發展特色

一、**生理發展：**青少年感受到體型朝向性成熟方向邁進，可能需要花十八個月到五年的時間來完成，而在情緒與認知發展上還在持續進展中，而女性的生理成熟速度大約早男性兩年（Reid & Westergaard, 2011）。青春期女性體重與身高會較男性同儕成長迅速一些，男性會有「夢遺」情況，其性衝動有時以自慰方式宣洩，只要引導他自慰不是壞事、認識自己身體的改變，也可以其他建設性方式（如運動）發洩。一般說來，我們對於女性青春期的了解較男性熟悉，學校裡的衛生教育似乎也較著重女性（男女性生理成熟情況請見右頁圖）。

二、**認知發展：**認知發展是指其思考與處理資訊的模式，Kaplan（2004）特別提到青春期孩子認知發展要具備的能力，包括：1. 分辨現實與可能性；2. 假設性－演繹邏輯（建立假設並做驗證）；3. 綜合邏輯（對同一問題有不同解答）；4. 抽象思考（了解抽象概念，如宗教或政治）；5. 後設思考（為何會有這樣的想法行動、反思能力）（cited in Reid & Westergaard, 2011, p.13）。青少年的思考特色則包括：自我中心、考慮他人、運用資訊、批判思考與創意思考（Geldard & Geldard, 2004, cited in Reid & Westergaard, 2011, p.14）。

三、**情緒發展：**青少年的情緒狀況有較多變動，有時速度來得快、去得也快，然而因為認知能力還在發展中，不一定有周全思考或有效解決問題的方式，容易在情緒影響下做出衝動行為，青春期的任務之一就是從了解自己擔任的角色裡去思考自己是誰（認同），也因此有許多情緒經驗，羞愧與憤怒常常會連袂出現，其情緒也會影響思考與行為。青少年的典型表現，包括：挑戰權威與社會、冒險、實驗（如藥物、穿著、性）、要求自己的權利、（為自己與他人）負責任、尋求精神寄託、教育上的轉變、準備踏入職場、與同儕的新關係、發展性認同、重新調整與權威人物的關係（Christie & Viner, 2005, cited in Reid & Westergaard, 2011, p.18）。

青少年常常將「叛逆」與「獨立自主」混淆，以為為了反對而反對，就可以彰顯自己的獨立性，這基本上會隨著其發展漸漸成熟而改進，當然師長也需要做進一步的釐清動作，雖然青少年不一定聽得進去，但是給他們時間去思考、同時呈現具體的案例，他們就可以慢慢學會判斷力。許多人會將青少年視為狂風暴雨的「狂飆期」，因此他們可能會忽略青少年問題的嚴重性、做過度反應，或是讓原有偏見產生「自我期待效應」（如：「我早說過會變成這樣！」），甚至因而限縮青少年的自由、阻礙他們的發展 (Micucci, 1998, p.54)。

小博士解說

性認同包含對自己生理性別、心理感受與社會要求及期待之間的平衡。

青春期生理發展關鍵任務
（Christie & Viner, 2005, cited in Westergaard, 2011, p.9）

青春早期（11~12 歲）

生殖器成長（受到腦垂體分泌與睪丸素荷爾蒙影響）

青春中期（13~14 歲）

發展速度遽增，第一次射精經驗（初精）、變聲、陰毛與臉部細毛生長

青春晚期（15 歲以上）

成長激增現象停止，體型改變，肌肉增加，體毛與臉部鬍鬚生長

青春早期（11~12 歲）

胸部開始發育、陰毛生長，發展速度遽增（受到腦垂體分泌與雌二醇——一種雌激素——荷爾蒙的影響）

青春中期（13~14 歲）

成長激增現象停止，開始有月經，因為脂肪增加，體型顯得較圓潤

青春晚期（15 歲以上）

青春期正式停止

 青少年認知特色（Kaplan, 2004, cited in Westergaard, 2011, pp.14~15）

| 自我中心 | 會開始考慮他人 | 使用資訊來思考 | 批判性思考 | 創意思考 |

 青少年認同階段（Boyd & Bee, 2009, cited in Westergaard, 2011, p.17）

迷失 不在危機中、也沒有承諾　　**早閉** 接受父母或社會給予的、未經歷危機　　**未定型** 遭遇危機，尚未對自己承諾

認同成就（整合） 經歷過危機，對於自己的理想、生涯或其他目標願意做承諾

＋ 知識補充站

大腦在我們進入青少年時期，會開始對於不需要的「突觸」（連結神經系統、接收與傳送訊息的地方）做去除動作，建立更有效率的神經系統。

2-4 青春期主要發展任務

青少年早期（11~13 歲）的任務是：要適應青春期的改變，學習利用新的認知能力，在同儕之中找尋自己的位置，以及處理與性別相關的期待。典型的行為表現，包括：會對外表更注意、關心身體發展是否正常、有抽象推理的能力、會暫時地特別在意自己、理想性高、容易受傷（忽略一些安全原則）、有個人的神話（即相信他們的經驗是很特殊的、沒有人可以了解他們）、會與人不斷爭論（同時伴隨比較僵固的思考，因為他們不能很公正地從對方的觀點中看到一些優勢）、會積極地參與同儕團體（甚至是忽略自己的責任）、對同儕的順從性增加（也擔心自己是否被接受）、會注意到性別角色與氣質的不同（會在乎別人對於非典型性別行為的不贊同）（Micucci, 1998, p.67）。

青春中期（14~16 歲）要處理自己的性慾問題，做道德的決定，與同儕發展新的關係，以及平衡自主與依賴。典型的行為包括：更注意他人的需求，也更願意妥協；在做有關對錯的決定時，比較不會強調實質的酬賞，而是更想要得到重要對象的讚許；對於性產生興趣與好奇；從同儕的連結進展到伴侶的關係；與同儕團體有更明確的區分，也更能夠忍受不同；更能夠表達自己的個別性；更強調獨立，而且能夠擺脫父母親的規則；「未定型」（moratorium）開始，會將注意力轉移到定義個人的身分（包括

在不同領域做探索以及試驗）（Micucci, 1998, p.81）。

青春期晚期（17~19 歲）則是要整合自我認同、體驗親密感以及離家（Micucci, 1998, p.55）。典型行為包括：縮小對未來的有限選擇，增加親密關係的能力（女孩子可能看起來比較成熟），高中羅曼史可能會分手；跟父母親較少爭論，這個年紀的青少年會期待父母親尊重他們的選擇與個體性，準備要離開家（上大學、工作或從軍）（Micucci, 1998, p.91）。

在思考青少年發展的挑戰議題時，還需要注意三件事：1. 考慮環境脈絡與「正常」的定義──我們對於許多「正常」的定義是與文化有關的，因此一般在青少年階段的孩子，若是違反了一些常規，通常會被視為「找麻煩」或「有問題」的孩子，因此必須將問題放在環境脈絡裡來檢視，而不是一味以文化規範為唯一依歸；2. 每個人在發展中的步調可能不一樣，而在某一個人身上的不同發展（如身體、情緒）速率也不一樣；3. 青少年的發展與父母親的發展議題是有交互作用的──因為父母親也正在面臨他們自己發展中的挑戰（Micucci, 1998, pp.56~57），像是中年父母親需要打拚事業、建立經濟基礎的同時，可能重心會放在事業，而忽略了與孩子的相處，或是此時父母親的長輩也邁入老年，同時需要照護。

小博士解說

青少年不清楚自己真正的樣子為何，以及別人是怎麼看他／她的，而這樣的困惑就解釋了他們以同儕意見為主要考量的行為。（Micucci, 1998, p.73）

兒童與青少年觀點不同（Selman, 1980; Selman & Selman, 1979;引自 Henderson & Thompson, 2011/2015，p.2-5, p.2-7）

3~6 歲 兒童的觀點未分化

4~9 歲 採用「社會訊息」觀點，理解其他人有不同的訊息跟觀點。

7~12 歲 用「反省觀點」，兒童能以別人的觀點來看自己的想法、感情和行動，也認同別人有相同的能力。

10~15 歲 採用「第三者觀點」，能夠超越兩個人的情況，想像以公正的第三者來看待自己和他人。

14 歲到成人 採用「社會觀點」，了解第三人的觀點，會被社會價值系統影響。

 一般人（包含兒童與青少年）對輔導的迷思

 視輔導人員為心理醫生（甚至可開藥）

 視輔導人員萬能　 視輔導室為「學生問題中心」（被汙名化，學生怕被貼標籤）

❌ 視輔導為無能（必須有立竿見影之效、「修」好學生）　 視輔導為給予忠告或建議

❌ 視輔導活動為團康活動、不重要的課　 視輔導工作為教師額外負擔

❌ 視輔導工作為輔導人員個人的「責任」　 視輔導人員為完人、超人或聖人

❌ 視心理測驗、建立學生資料為輔導工作主要內容　 擔心輔導人員洩密

✛ 知識補充站

　　青少年處理情緒性訊息的方式與成人不同。青少年前期傾向於使用大腦中的杏仁核（在顳葉深處的一個結構，包含情緒與感覺反應），而年紀較長的青少年則較會使用額葉（管理計畫、推理、判斷情緒、調節和控制衝動的功能）。（Henderson & Thompson, 2011/2015，p.2~4）

第 3 章
兒童／青少年發展階段
可能遭遇的挑戰與議題

學習目標：

　　數位時代的兒童與青少年，面臨了隨著發展階段而來的、不同面向的挑戰，包含家庭、人際、自信、學習等，還加上科技發達與價值觀的議題，這些都需要去面對，找出因應之道。

3-1 兒童階段最常出現的關切議題

兒童與青少年的發展階段會出現一些特定議題，而隨著大環境的改變以及科技的發達，也會讓他們的發展任務產生新的挑戰，因此這一章會特別著重介紹兒童與青少年所面臨的挑戰以及因應方式。

現代孩童面臨的挑戰有：

1. 競爭對象多，不是區域性的、而是全球性的。

2. 要學習得更多，而且努力並不一定成功。

3. 少子化的挑戰，倍受寵愛或溺愛，家長期待高。

4. 雙薪家庭多，許多原本的親職功能由補習班或外人所取代。

5. 失能親職多，不少家長無法兼顧自己的親職責任，子女就無法受到應有的照顧，更甚者還有暴力與虐待情事發生。

6. 電腦網路與手機平板入侵生活，彷彿生活中無法脫離電腦手機的掌控，甚至成為生活的避難所。網路世代的特色是較自我中心、自我感覺良好、少同理他人、將錯誤怪罪給別人、生活上較乏自律，也的確讓人憂心。

7. 價值觀轉變，「速食」主義風行，青少年較無法容忍等待，許多東西或物品都要手到擒來，也不相信用功或是努力的過程（所謂的「靠爸族」、「啃老族」也應運而生）。

學校教育面臨的另一個難題是：恐龍家長涉入學校教育過多，其負面影響是教師不敢管教，也鮮少責備或責求，學校甚至變成廉價安親班；此外，城鄉差距大，資源分配不均，導致競爭力的 M 型化（極端的差距），這些當然也會影響學生學習與生活。

目前一般學校常常發現需要關切的兒童情況有：

人際議題

所謂人際議題包括與人疏離、孤立，展現暴力與霸凌行為，或成為受害者、親密關係與性傾向等。由於現在許多家庭有獨生子女，家長愛護甚殷，可能使其較少同儕接觸經驗，因此一進入學校就可能面臨社交技巧與合作的問題。此外，因為只有孩子是唯一重心，也可能養成孩子較自我中心、無同理心的傾向，這也影響其人際發展。許多兒童在年幼時就出現較不符合其生理性別的行為（如「娘娘腔」），容易遭受同儕譏笑或欺凌，但「娘娘腔」並不表示是「男同志」，這也是要注意的問題。性傾向方面，少數孩子通常在極為年幼時，就已經發現自己的「不同」，需要有智慧的師長協助其自我認同與增加自信，同時也要教育其他同學尊重不同與切合實際的做法。

少子化造成學校縮編或家戶遷移，現在有越來越多的孩子面臨轉學的事實，有些家長是因為孩子在學校出現問題（如與教師槓上、與同儕不合或有行為問題），家長為了便宜行事，就迅速將孩子轉學，殊不知這樣的方式並沒有解決根本問題，反而讓孩子一直處在變動中，不僅威脅到其安全感，也無法交到好友，造成往後害怕與人互動，或退縮成孤單的個體，對孩子的心理層面造成更大傷害。

兒童諮商常見議題（Henderson & Thompson，2015/2011, pp.1~13）

人際衝突
（與父母、老師、手足或同儕相處）

缺乏關於自我的訊息
（了解自己能力、興趣或價值觀）

缺乏關於環境的訊息
（有關學業與生涯的資訊）

個人內在衝突
（無法做決定）

缺乏技巧
（如有效學習方法、自我肯定、傾聽與交友）

我國國小階段最常發現的議題

家庭 家庭失能或親職失能、家庭不睦、親子問題等

人際 包括霸凌、退縮、孤立等

課業 壓力、補習、學習成就或動機低落等

其他 創傷、性別認同等

＋ 知識補充站

　　兒童因為年紀很小，各項能力都還在發展階段、不成熟的情況下，常常是呈現問題者，也就是所謂的「代罪羔羊」（真正的問題根源不在他／她的身上），所以如果面對一個行為出現問題的孩童，有效能的諮商師必須考慮到其環境脈絡（尤其是家庭的因素）。

3-2 兒童階段最常出現的關切議題（續一）

家庭問題

現在許多家庭不只是建構與組成上呈現多元，也有許多失能家庭出現，主要是親職功能失常所致，加上少子化影響，即便是經濟上較無問題的家庭，也可能出現溺愛子女的問題，導致孩子人格及與人互動上的缺陷。年紀尚小的孩童容易受到家庭影響，因此只要家裡出現問題，家中所有成員都受到影響，而通常會在年紀小的孩子身上呈現出來，主要是行為上出現問題。

再者，還有家長面臨的教養挑戰。現在有越來越多孩子在兒童期就發現有異狀，也許是因為診斷工具更精細，或許是孩子出狀況也多。倘若孩子有心理疾病或是發展上的問題，對教養人來說都是極大挑戰。該不該帶孩子去診斷就是一個兩難的問題，一來害怕知道真相、對教養人來說不好受，二來該如何面對社會其他人的眼光？家長當然不願意自己的孩子生病，然而若家長本身也沒有病識感，就更不可能讓孩子獲得及時有效的協助。

家長期待與學業表現也是孩子的壓力源。雖然許多家長都表示現在不注重孩子的學業，只要孩子健康就好，但還是抵擋不住潮流的壓力，畢竟現代的孩子是要與全球人才競爭。教改讓孩子更辛苦，父母親也難辭其咎。到底應該讓孩子學更多、讓他／她不落人後？還是順其自然發展就好？這應該也是家長的兩難。

另外，經濟情況當然也會影響到孩子，尤其是貧窮家庭的孩子，甚至是家長有身體障礙或心理疾病者，對於孩子的影響就更多面；許多孩子沒被照顧到、資源不到位，反而要去照顧家長或家人，甚至為家庭經濟盡一份心力。

自信與自尊問題

孩子因為年紀尚小，因此會很在乎他人對自己的評價，尤其是女性。孩子的內在衝突或自我衝突、缺乏自我知識、對環境的知識及技巧或能力等，也都可能造成對自己信心不足的問題，當然友伴團體的對待也是重要關鍵。孩子開始發展與重視同儕關係，同儕的認可對他們很重要，也會極力去迎合他人，只是儘管年級低，還是有關係霸凌的事件發生，許多孩子會因為同儕無法接納而放棄自己！

缺乏被照顧或創傷經驗

受虐的孩子容易被發現，或是有過創傷經驗的孩子（包括早期的失落經驗、被傷害或虐待），但是缺乏照顧的孩子常常是被忽視的一群，總是在攸關生命時才被發現！教師與其他人士常因「清官難斷家務事」而不願涉入處理，卻往往錯失救助良機，或是做了及時處理與輔導，卻沒有後續的追蹤與提供持續支持，這樣的協助也不到位、效果不彰。

學習落後與低學業成就

即便是學生學習落後、成績結果未能表現其能力或是學習動機不強，光靠教學或補救教學效果有限，因為必須要先做學習觀察與診斷，看真正的問題出在哪裡，才可能進一步對症下藥、做適切處理。妨礙學生學習與效果的因素很多，通常不是因為學生智能低下的結果，而是其他因素的總和，像是家庭資源缺乏、家庭不睦、忽視或虐待孩子、家長不支持孩子學習等，這些因素影響孩子的學習動力，自然無法展現良好學習成果。

偏差行為	特徵	行為表現	處理方式	共病（同時存在的疾病）可能
注意力缺陷／過動	注意力短暫、有衝動控制的問題	粗心、無法依指示行動、遺失重要物品；扭動身體、無法靜坐、搶著說話或打斷他人說話	藥物與行為治療	學習障礙、對抗行為、情感疾患（如焦慮、憂鬱）、妥瑞氏症
行為規範障礙與對立性反抗	無法維持適當人際關係、無法遵循社會規範	攻擊人或動物、恐嚇威脅他人、破壞物品或欺騙；故意挑釁、易怒、責怪他人	藥物控制、認知行為治療、問題解決技巧	十八歲以後診斷為「人格違常」（需要長期治療）
焦慮性疾患	心悸、出汗、發抖、呼吸短促或覺得要窒息、噁心或腸胃不適、頭暈、不真實感、麻痺或刺痛感、發冷或臉潮紅、睡眠障礙	過度擔心而難以控制，會刻意避開讓自己焦慮的事物或場所（如社交或空曠恐懼症）	藥物控制或認知行為治療	恐慌症、憂鬱症或有藥物濫用問題
分離焦慮	害怕與依附對象分離	怕孤單而拒學或去其他地方、夢魘、預計要分離時會有身體症狀出現（如頭痛、胃痛或嘔吐）	藥物治療、認知行為治療	憂鬱、焦慮
憂鬱症	其徵狀表現與一般成人或有不同	強烈情緒反應或行為改變，行為無法靜止或活動減少、無價值感、自我批判、身體疲累或疼痛、食慾降低、失去興趣、孤立、有自傷（殺）念頭	藥物與認知行為治療雙管齊下	焦慮、行為規範障礙、過動
選擇性緘默	沒有生理上的語言問題，大半時間不說話，在某些場合或是對某些特定人還是會說話	語言發展較遲緩、家長為人格疾患者、家人互動不良、出現在社經地位較低者	行為治療、藥物治療或社交技巧訓練	可能合併社交恐懼症、口吃或語言障礙
創傷後壓力疾患	遭遇重大失落或災難後的生心理壓力症候群、害怕失控	夢魘、難專注、強迫症狀、逃避、過度警覺或驚嚇反應、麻木或失去現實感、解離症狀	藥物治療、認知行為治療、減壓團體治療	憂鬱、焦慮、恐慌
自閉症	大腦神經功能受損，導致缺乏與他人建立感情接觸的能力	刻板行為或重複動作、與人互動時無眼神接觸、社交關係貧乏、較無感受或表情、語言能力發展遲緩或有障礙、固執	早期介入、行為治療	過動、強迫性焦慮症、妥瑞氏症、情感性疾患、精神分裂症
學習障礙	語言或聽力發展受損、閱讀書寫或數學學習有障礙	思考衝動、注意力缺陷、學習動機與自我概念低落、社交技能差	行為分析與治療、社交技巧訓練、適性教育	

3-3 暴力下的兒童與青少年

霸凌

孩子在學校受到同儕的欺負，不管是身體、語言、精神或是性方面的霸凌，都可能對孩子身心造成傷害，首先是上學不快樂、無心學習，接著可能就會有行為方面的問題出現，或是拒學。鄰近的日韓等國因為升學競爭劇烈，加上網路發達，不同形式的霸凌現象陸續出現，而遭受霸凌的孩子常常不願意說出來，一來可能被威脅、二來認為是自己無能才會遭受此待遇，輔導教師、學校教職員工與家長都要留意可能的徵象，以便做適當妥善的處理，讓孩子們上學愉快、學習有成！

許多霸凌被視為「無傷害」或是「開玩笑」，因此被忽略，事實上許多霸凌受害者罹患心理疾病，有的最後採取激烈手段來「終結」霸凌，包括自殺、殺人，因此絕對不可輕忽。

有些家長及老師可能會發現或報告以下的徵狀，這些都可以協助輔導教師進一步檢視霸凌發生的可能性（Eilliott, 1997/1998: 17~19）：

1. 學生害怕走在路上或放學，或是改變平常上學的路徑。

2. 學生突然不想（搭校車）去上學。

3. 學生求家長開車送他上學。

4. 學生不願意上學，或說他／她覺得不舒服。

5. 開始逃學。

6. 學生突然學校課業表現不佳。

7. 學生回到家時，衣服或書本遭到破壞。

8. 學生傾向倚賴家人。

9. 學生回到家中異常飢餓。

10. 學生變得退縮、口吃、缺乏自信。

11. 學生變得苦惱、焦慮，甚至停止進食。

12. 學生嘗試或恐嚇自殺。

13. 學生哭著睡著或作惡夢。

14. 學生要求給錢，或者開始偷竊。

15. 學生拒絕說出發生什麼事。

16. 學生身上有一些傷痕，問他／她原因，他／她會說是「跌倒」或是理由含糊，甚至無法解釋。

17. 學生對其他手足施暴。

18. 學生變得具攻擊性或不可理喻。

網路與手機的發達，讓霸凌更是無遠弗屆、無孔不入，會更惡化霸凌現象，日、韓學生遭受網路不實謠言攻擊而自戕的悲劇事件發生機率一直居高不下，儘管有法律規範，卻因犯者為兒童或青少年，社會多半給予寬容或自新機會，卻無法有效遏止霸凌的擴散或減緩嚴重性。若是遭遇網路霸凌，提醒孩子可以做的是：不予回應、阻擋及保留證據、通知網路管理者或師長，並支持孩子走過這段過程（Goodwin, 2016, p.53）。

小博士解說

成年人輕忽霸凌的嚴重性以及處置不當，會讓霸凌的傷害更嚴重或蔓延，當下處理之外，還需要後續追蹤，而營造合作、支持、溫暖的家庭、校園及社會氛圍才是王道。

 霸凌種類

肢體霸凌

「直接」以身體動作來欺負他人或讓別人受傷，像是打人、故意推擠、捏、刺、踢、害人跌倒或受傷等都是，也包括破壞或搶奪財物。

語言霸凌

像是說人壞話、取難聽的綽號、傳不實的謠言（包括用手機或電腦 FB），或是刻意讓他人與某人疏離的惡毒或威脅語言。

性霸凌

是因某人的性特徵（如女性的胸部或男性的陽具），或行為表現不符合該性別的刻板印象（如男生「很娘」或女生「粗魯、霸氣」），或是性傾向（同性或雙性戀者）少數，就會受到侵犯身體、嘲弄、開玩笑、散布謠言、勒索或破壞財物等待遇。另外，許多青少年以為彼此同意之下而發生的性行為是可以的，但是只要十六歲之前發生，都屬於性侵害。

網路霸凌

指的是藉由電腦（如上社交網站、FB）或科技（如手機）等媒介，而散布私密、謠言或不雅照片，目的是破壞某人的形象或名譽，甚至讓某人孤立、沒有朋友。

反擊型霸凌

也就是說某人本來是霸凌受害者，後來因為受不了被欺負、反過來去欺負霸凌他／她的人（或其他人），就是屬於這一種，所謂的「狗急跳牆」型。

關係霸凌

像是故意說壞話或不實的話、破壞某人形象，傳布謠言讓某人沒有朋友，甚至故意拒絕對方。

 霸凌者行為的各家解析（整理自邱珍琬，2001, pp.30~42）

學派	解析
心理分析	本我的欲求未獲得滿足，以侵犯他人來獲得壓力宣洩；壓制他人以對抗自己的無力感或無自信。
自我心理學派	自卑情結的過度補償，或朝社會無益的方向取得認可。
人本中心學派	滿足自尊的需求。
溝通交流分析學派	受父母「內射」影響、防衛自己以對抗不安全感。
行為學派	學習而來的不適應行為。
認知行為學派	對行為線索解讀錯誤。
現實治療學派	以無效方式獲得認同。
家族治療學派	家庭問題的代罪羔羊。
完形治療學派	與生命缺乏真實接觸、忽視他人感受或與他人隔離。
客體關係學派	不安全依附產生對抗他人或疏離他人之反應。

3-4 暴力下的兒童與青少年（續一）

家庭暴力

霸凌或許是從原生家庭而來、模仿的結果，也可能是因為受暴或激動情緒無法發洩，於是找較無威脅性的對象出手，因此也有必要檢視一下家庭暴力。家庭暴力頻傳，不是直接受害者身心受創或有生命危險而已，其他聽聞或目睹的孩子，同樣承受其可怕後果，包括暴力的傳承、受害者傾向，以及自傷／殺的潛在因子，實在不容忽視。兒童與青少年是最可能受害的族群，卻因為年紀小，常常不被相信，或是不知求助管道，因此往往是已經喪失了性命，或是嚴重傷害已造成，才被外界或相關社福、法律單位知曉，其預後要付出的代價更多！家庭中發生暴力事件，對孩子的身心影響更鉅，不僅在生理上的安全需求無法滿足，更重創其心理與心靈，不僅容易淪為下次暴力的加害或受害者，自信心低、貶低或自責，若無自療／治療介入，一輩子都無法活出正常的生活，飽受情緒痛苦與身心折磨。

暴力的發生是因「控制」與「權力」，加上男權至上的社會氛圍，若不處理就會成為一種習慣、釀成不可收拾的悲劇。家庭暴力往往是一個家庭「祕密」，家庭中的人不願意向外言說，是因「家醜不外揚」的傳統、擔心他人看法，或是家庭會因此分崩離析，而外人不願意介入，通常也是因為「清官難斷家務事」，或是

認為後果不會很嚴重，因此造成受害時間更長、傷害更大！家庭出現暴力最可怕的是時間很長、受害者多，除非有重大事件（如受傷、火災或死亡）發生，要不然很難被發現，有些家長可能有心理疾病，但是絕大多數家暴家庭的加害者是一般人。

許多家庭暴力形式是肢體暴力，但同時也有語言、心理暴力或性虐待發生，因此不可輕忽！兒童與青少年最容易成為家暴受害者（或目睹者），由於八成以上施暴者是男性，因此目睹家暴的男孩成年後容易成為下一個施暴者，而女孩則容易成為下一個受害者（習得無助感）。儘管目前家暴與兒童虐待已是公訴罪，但是國人「莫管他人瓦上霜」及「勸和不勸離」的傳統，甚至村里長與執法人員也都是如此認知，不願意涉及，往往事情嚴重到不可收拾才插手處理，通常是悲劇或傷害已經造成，有時甚至無法補救。學校輔導教師必然會碰到類似個案（也有「管教失當」者），不管是暴力的直接受害者或是目睹者，也都需要謹慎處理。

人與人之間有一條看不見的心理「界限」（boundary），是用來規範彼此之間的關係，要親近、要疏遠都是由個人決定，肢體與性暴力就是違反界限的最嚴重情況，傷害不是有形的而已，還有對心理、精神、自我等無形的破壞力。

小博士解說

家暴與情緒控管無直接關係，主要是展現權力與控制的手段，以威脅的方式來逼人就範或是強取豪奪。目前研究發現，有暴力傾向者與其原生家庭的依附關係及腦部發展有關，但這也非施暴者的藉口。

孩童遭受家暴的可能徵象

行為出現問題

包括學業表現與動機低落、不信任或孤立自己、與人關係疏離或暴力相向，出現破壞物品或攻擊行為、強迫行為，會抱怨身上有疼痛，或害怕被觸碰，衣著不合時宜（如熱天穿長袖上衣）；情緒表達失常，或是有不適齡的性行為表現、逃學或逃家，有退化行為等。

情緒出現問題

包括情緒不穩定、容易哭泣或悲傷，焦慮、無望，覺得有罪惡感或羞愧，低自尊，或對他人懷有敵意，有自傷行為或自殺意念、失眠或是精神不佳。

身體上出現徵狀

身上有不明傷痕、頭痛或其他疼痛症狀、重要部位的疼痛與不適、頭暈、噁心或有性病等。

家庭暴力的型態（通常心理／精神虐待與不同形式的虐待是並存的）

肢體暴力或過度體罰	管教失當
言語與精神虐待	通常肢體暴力都伴隨著言語與精神虐待
性虐待	不適當觸摸、窺視或是性行為
金錢或行動控制	像是孩子要出門就打

＋ 知識補充站

　　遭受家暴的後遺症，最嚴重的影響應該是人際關係，也就是在家庭中最親密的關係裡，讓他／她產生不信任感，因此他／她也不會信任其他任何人，而這樣的認知會導致他／她在未來的生活中很孤單、不快樂。

3-5 暴力下的兒童與青少年（續二）

沒有適當照顧或疏忽

相較於被忽略或無適當照顧的孩子，遭受家暴的個案還是少數。日前一位剛生產完第二胎的年輕母親，一歲多的長子死在隔壁房間、卻在聞到屍臭時才發現就是一例！在學校偶爾會發現有孩子常常生病、衛生習慣不良，衣著不潔或髒亂，甚至沒有穿著適當衣物，這樣的孩子不僅容易受到同儕排擠、對學習沒有動機，也常常成為中輟生。這些可能是沒有受到適當生活照顧的孩子，我們稱為「被疏忽或忽視的孩童」，其數目可能較之家暴受害者更多，也較難被注意到，因為大眾對於家暴（特別是肢體受虐）孩子較有警覺性。疏忽孩童出現的可能是生長緩慢或停滯、沒有依靠或遺棄、缺乏管束或督導等。

有些父母親自己並無維生技能、加上是親職新手，連自己都照顧不過來，何況是孩子？有些父母親或家長忙於生計或是自己的事務，沒有辦法給予孩子適當的關愛與照顧，許多孩子還需要自食其力、自己照顧自己（甚至是更年幼的弟妹）。在小學會遭遇到不付營養午餐費或是學雜費的家長，大部分學校教職員都會協助，只是有少數家長會將此視為當然，更不願為孩子負起應有的教養責任，這也讓學校職工感到兩難。

在外面遊蕩的孩子其實也沒有受到適當照顧，城鄉都會區都會看到晚上在鬧區或宮廟場合遊蕩的兒童與青少年，孩子自己無法管理，或家長無法約束其行動，因此就離家找尋刺激、打發無聊。這些在外遊蕩、無所事事的兒童和青少年，容易成為犯罪的受害目標（如綁架或販售），或者成為行為偏差的潛在人選，每年臺灣失蹤的兒童與青少年超過 4,000 位，這個可怕的數字就可以說明遊蕩在外的兒童與青少年是許多罪犯下手的目標。

藥物濫用

藥物濫用已經不是第三世界國家的問題，而是全球公共衛生的議題，尤其對年輕族群來說，越早涉入藥物的使用，其後果更嚴重，許多可怕的結果是因禁藥的使用而造成，包括（但是不限於）犯罪、家暴、疾病、生產力喪失、增加性病（包括 HIV/AIDS）感染的可能性等，這不僅損失了社會成本，也消耗了許多的社會資源，更遑論家庭不睦或破碎等連帶性影響。

美國統計發現，有更多男學生（9.7%，相較於女學生為 5%）在 13 歲之前試過大麻，而男性使用藥物或酒精、香菸的比例都高過女性，處方藥物的濫用更是新興問題（Moritsugu, Vera, Wong, & Duffy, 2016, p.246），最令人害怕的是，新興的藥物卡西硐以一般毒物檢測無法檢驗出來，造成許多年輕人第一次吸食就猝死（如 W 飯店女模命案），而因製造者以不同的包裝（如軟糖、巧克力、咖啡包）來掩飾，連查緝單位有時都束手無策，更遑論起訴。許多年輕人是因誤食或好奇而使用，但是隨著嗑藥除罪化的提議，後續的矯正與治療，將是許多政府相關單位頭痛的問題。

學生較常出現的偏差行為（鄔佩麗、陳麗英，2010, pp.228~229）

行為種類	較常出現的行為
外向行為（有不滿情緒或壓力時，表現出對周遭環境的威脅）	如偷竊、暴力（言語與行為）、逃學或逃家、攜帶武器、破壞公物、參加幫派等。
內向行為（或是「內化行為」，將外在環境所給的壓力轉向自身）	如自卑、憂鬱、懼學、人際問題（孤立、被排擠）、自殺或有自殺意圖。
影響教室常規	如干擾教學、上課不當發言、上課睡覺、說謊或作弊等。
學業方面的適應	如上課表現無聊、對所學無興趣、學習或考試焦慮（甚至出現身體上症狀如腸胃不適、出疹子）、低學習成就等。
其他不良習性	如有不良嗜好（抽菸、喝酒、吸毒、熬夜、上網）、衛生習慣欠佳、不懂禮貌等。

感染HIV或愛滋患者的特徵（Moritsugu, et al., 2016, pp.250~251）

頻繁腹瀉

腦部損傷（愛滋的進展階段）

腺體腫大

低量的 T 細胞（少於四百，T 細胞是與對抗感染有關的）

失去胃口

體重減輕

HIV

口腔鵝口瘡（口內有黴菌）

稍微發燒不退

肺炎

皮膚損傷（即 Kaposi 肉瘤）

＋ 知識補充站

　　目前國內藥物氾濫已經越來越可怕，藥頭進入校園，甚至吸收年幼的孩子作為下游販售者；美國的研究發現，青少年的犯罪與藥物使用關係密切，因此藥物使用的確是目前各國面臨的公共衛生問題。

3-6 **青少年的困擾**

現在的兒童發育相較於早年成熟許多，中、高年級有些已經開始進入青春期，因此輔導教師也需要了解青春期孩子的生心理發展情況。青少年面臨的壓力包括：學校課業與考試、與父母或同儕間的緊張關係、升學壓力與自己前途、對於自己外表與生理發展的不安全感、財務、轉學或搬家、擔心死亡與全球性的問題。此外，青春期也可能是個體遭遇到存在議題的時刻，生活中可能有失去或失落經驗，也會思考到死亡與自己的關係、存在的意義為何？倘若青少年不知道如何與師長提及這些關切議題，諮商師可與當事人做深刻討論。雖然如此，一些青少年會嘗試用冒險的方式去挑戰死神，有時候迫於同儕壓力，也會去做一些無厘頭或是可能危及性命的行為，像是飆車、嗑藥與自傷。

青少年雖在發展與肯定自我上受到同儕影響甚深，但基本上還是依賴父母親，且其價值觀也與家長相同，因此輔導教師要熟悉所面對的青少年次文化，知道他們喜愛與流行的事物為何，可能使用的一些新鮮或特殊用語與意義（但是不要刻意使用，會讓青少年覺得「虛假」，要注意青少年階段對於虛假的人際關係是很敏感的）。

青少年面臨的困擾或挑戰，有些是跨世代皆同的，有些則是因時代潮流而有不同，大抵敘述如下。

煩惱不安

生理劇烈發展有時自己也無法掌控，加上社會對其要求與以往（兒童期）不同，會感受到前所未有的壓力。青少年有許多煩惱，有時候也不便對外人說，像是不滿意自己的外表或身材，害怕趕不上別人、不知道如何處理人際關係或親密需求等，這些都會是他們的煩惱壓力源。

敵對反抗

要在「自我獨立」與「依賴」之間做平衡並不容易。青春期的孩子想要尋求獨立，然而卻同時仰賴家人，所以他們常常會因為反對而反對，但是卻說不出實質理由，有時候成人逼急了，他們就可能會有未經思慮的衝動行為出現。

缺乏自信

這個階段是建立自信的重要時期，許多因素都可能影響青少年對自己的信心，像是能力、獨立判斷、與人關係、自我形象與未來期許等。由於國內傳統的文憑主義依然如故，有時候會阻礙他們發揮自我創意的機會，而在同儕間又有較濃的比較氛圍，會讓他們覺得困擾、無助。

性的專注

除了生理上發展、性別荷爾蒙的萌發，青少年需要去認識與調整之外，還包含親密關係與性認同（特別是性別少數族群）的議題也會明顯呈現，與同儕相形之下，如果自己較弱勢或未受到青睞，也會影響其對自我的看法。

小博士解說

「人際關係」是心理健康最重要的指標，這是所有心理學家都認可的，因此兒童與青少年若遭遇到人際孤離（不管是潛在的或明顯的），都可能會出現心理疾病的症狀。

青少年的挑戰（Westergaard, 2011, p.18）

挑戰權威

勇於冒險發展

試驗

挑戰社會

要求自己的權利

負起責任（為自己與他人）

尋求靈性上的皈依

教育階段上的轉變

與同儕發展新的關係

開始工作

性別認同

重新協調與家中權威人士的新關係

青少年同志族群諮商原則（Micucci, 1998, p.70）

1 避免傳達你反對同志性取向。

2 不要逼迫青少年決定他的性取向。

3 提供教育以消除對於同志族群的刻板印象。

4 試著將性取向與性行為議題分開。

5 如果青少年是性活躍的，就跟他討論安全的性行為以及性傳染疾病的危險。

6 有些青少年可能會使用他們的性取向作為雜交、嫖妓和與成人有性行為的藉口。

7 如果你對這些行為質疑時，青少年指責你是恐同症，不要退卻。

8 協助青少年了解身為同志並不會免除他們要為性行為的選擇負起責任。

9 教育有關同志族群的不同生命型態會有幫助。

10 探索青少年的家庭角色，但是不要強迫他們對家人出櫃。

11 對異性戀性行為的實驗議題保持中立，也不要鼓勵或不鼓勵這樣的實驗。

12 探索青少年尋找異性戀經驗的動機為何。

13 協助青少年處理他人對其性取向的反應。

+ 知識補充站

青少年對於性的價值觀受到父母親影響，然而更受到同儕規範的影響（Micucci, 1998, p.68）。

3-7 青少年的困擾（續一）

逃避現實

青少年期是所謂的夢想或理想化時期，也許看到自己想要的無法達成，可能就會採取抗爭或逃避策略，也容易發現自己在學校沒有立足之地而中輟或逃家，現在有更多是退縮到網路世界裡。此外，若青少年較缺乏運動或嗜好的發展，不知如何排遣時間或無聊，也可能鑽入網路世界或嘗試嗑藥行為。

升學壓力

現在的孩子要與更多人競爭，父母親也希望他們可以養成更多的競爭能力，所以提供許多校外學習的機會，然而升學壓力還是存在，至少在大學之前是不可避免的現實。青少年當然希望可以達成家長的期許、在課業上做努力，然而也因此對自己的期許會造成莫大壓力，106 年 9 月 7 日，北一女一名新生上課第五天就從自家十四樓頂一躍而下，認為自己很難在優秀的同儕中競爭，留下九個字的遺言就此離開人世。

代溝

青春期是挑戰與家長、教師之間價值觀的重要階段，有時候是為了反對而反對，或是因為立場不同而難溝通，青少年的語言能力有時不足，就容易放棄溝通、自行其是。

性與自我認同

青少年在生理成熟發展的壓力之下，自我看法受到同儕的嚴重影響，加上在性別行為上承受社會規範，因此他們對於性別刻板印象會更僵固，雖然目前社會對於「兩性兼具」（中性）的接受度較高，然而也是青少年感受到的壓力源之一。在自己荷爾蒙奔放亂竄的情況之下，一則要了解及適應自己的生理及心理變化，二則還要學會如何抒發（自身性與心理上）壓力，還要就家長及社會大眾對青少年的期許做因應，常常會讓青少年手足無措！

青少年階段或許會從事有關性方面的實驗，藉以了解和肯定自己（也是自我認同的一部分），有許多性傾向少數族群，也是在青春期階段對自我認同產生迷惘與懷疑，即便現在有許多資訊可以取得，但是整個社會對於性傾向少數族群的看法，還是呈現較為負面的情況，因此，即便因為性傾向而引發的諸多挑戰（如情緒困擾、家人關係或親密關係問題等），都可能在諮商室裡出現，諮商師或輔導教師對於性少數族群的認識與了解就是必備知能，若自己無法勝任，也需要求助、督導或做適當轉介。

小博士解說

諮商師需要閱讀青少年相關性發展與認同的研究或書籍，才能夠與時俱進，提供青少年族群有效的協助。異性戀的諮商師在面對性傾向的少數族群時，常常有一些刻板印象，若再加上自身沒有再進修或閱讀相關研究文獻，可能對所服務的族群造成二度傷害。

非自願性行為發生原因（Rice & Dolgin, 2002/2004, p.127）

被伴侶引誘

利他行為
（渴望取悅伴侶）

沒經驗
（渴望新經驗）

酒醉

不情願
（覺得是履行義
務、壓力脅迫）

同儕壓力
（其他人都有過經
驗、他人恩惠）

性角色擔憂
（怕自己表現得
不夠男子氣概
或女人味）

威脅結束
雙方關係

口語強制

肢體強制

不願使用保險套的原因（Rice & Dolgin, 2002/2004, p.129）

曾經有過不好的經驗
（如破掉、觸感降低）

缺乏自我效能且不願意
承擔個人責任

毫不在意風險

認為保險套沒有用

✚ 知識補充站

　　「未婚懷孕」對青少女來說影響尤其重大，可能中斷其學業或者必須提早進入婚姻。儘管國內已有相關法律來保障青少女懷孕的就學權，然而許多青少女一旦發現懷孕或決定生下孩子，最終都是以休學作結。

第4章
適合兒童與青少年的諮商理論及實務

學習目標：

　　本章就一些較適合運用在兒童與青少年當事人身上的諮商理論做介紹，不管是人本的傾聽與同理、認知學派對事物的解釋方式、家族治療的系統觀、後現代將當事人視為有能力的專家，以及遊戲治療的諸多功能，都可以是入手的有效資訊。

4-1 為何需要諮商理論

本章會針對適合現階段兒童與青少年諮商的理論及實務運用做介紹，然而並不是指其他理論無擅長之地，只要諮商師或輔導教師願意將自己相信的理論融入實務經驗裡，並打造客製化、適合當事人的諮商模式，也都是適合兒童與青少年的諮商理論。本章僅就針對兒童與青少年較易入手與有效的諮商理論簡單做介紹。

我們在處理問題時，都會想出一些解決方法，而解決方法的背後一定會有一些依據，也許是根據之前類似的成功經驗或是邏輯思考，而不是憑空臆測或發想。諮商是專業助人的一門，要經過一系列系統的訓練，最重要的就是諮商理論。諮商理論是科學或經驗驗證之後所獲得的結果，唯有扎實的諮商理論做後盾，我們才會有解決問題的歷史與脈絡可循，延伸出來的才是有效的解決之道。

理論提供我們組織和運用訊息的方法，理論也幫助諮商師了解人格模式和問題成因及解釋行為的改變，提供人際因素、諮商目標、技術、歷程與預期結果等相關細節，因此諮商師應用理論來解釋他／她的觀察，並組織他／她得到的資訊，整合之後做初步的個案概念化，循此選擇適當的介入方式來協助當事人（Henderson & Thompson, 2011/2015, p.3-1）。

所有諮商理論對若干當事人或議題都是有效的，但是沒有一種理論是適合所有當事人與議題，因此儘管諮商師會有偏好的核心理論（基本上是可以解釋自己的生命經驗者），但是都應該熟悉所有的諮商理論，這樣在協助當事人時也較易做整合動作。

許多門外漢或是初學諮商者誤以為諮商就是「技能」之事，殊不知專業助人者絕對不是「匠工」，而是有心、有熱情，加上系統的理論與技術訓練為基底，才有能力得以協助他人。新手諮商師常常在與當事人晤談一兩次之後就黔驢技窮，不知道將當事人帶往哪裡，或甚至只是協助當事人「解決」了表面呈現的問題，卻無法深入了解問題根源或錯綜複雜的脈絡，當事人就會認為無效，或是一直重複出現同樣的困境，也讓諮商師對自己無信心、挫敗感很大。這樣的情況，就要回歸到理論的部分。

一位正統訓練出來的諮商師，至少在其訓練過程中經歷過多次理論的淬鍊（從「諮商理論與實務」、「助人歷程」、「個別諮商」，到實務運用的「團體諮商」、「家族（庭）諮商與治療」、「兒童與青少年諮商」等），通常需要經過近十次的重複閱讀相關諮商理論，才可約略理解與釐清若干諮商理論的取向與學派。因此，這裡特別提出適合兒童與青少年的諮商理論，要注意的是：每個理論都有其了解議題與介入處置的基本立論，也都可適用於不同族群。

諮商理論大體上可區分為情感（體驗）、認知、行為等三個取向，它們之間的關係如右頁圖（是彼此關聯且相輔相成的），只要從任何一部分切入，也都可以造成改變。當然，還要特別提到生態脈絡與系統取向，因為人是生活在脈絡中，與之不可切割。

不同取向的諮商理論、學派與主要觀點

理論取向	學派	主要觀點
體驗與關係取向	人本中心學派、阿德勒（個體）心理學派、完形學派、存在主義學派	重視人的創意與行動力，強調個人感受與主觀經驗，將治療視為當事人與治療師一起參與的旅程，強調治療關係的品質，肯定當事人的潛能、對於自己問題有解決的能力，與動力取向治療的最大不同在於將治療責任轉移到當事人身上。
認知行為取向	行為主義學派、BASIC ID、理情治療學派、認知治療、溝通交流分析與現實治療	行為主義是從「學習理論」而來，人類的學習是受到「刺激—反應」模式規範，而某個特殊問題就是對於一套刺激的反應，適應與不適應的行為都可以經由「學習」獲得。 「認知取向」的治療主張：人的行為與情緒主要是受到個人「詮釋」事件的影響，因此「思考過程」就是很重要的一環，許多人可能因為偏誤的思考，而導致情緒或行為上的不安與失序。目前認知治療結合了行為學派治療，而行為學派也加入了認知因素。
後現代取向	敘事治療、焦點解決諮商、女性主義治療	每個人都是主體、都有其價值與觀點，意義是從人的互動中產生、共創出來，也重視語言的使用。
心理動力取向	精神分析學派、新佛洛伊德學派、心理動力治療、自我心理學、客體關係學派、自體心理學派	相信人類基本上是受到本身生理驅力與早期經驗的影響，潛意識的動機與衝突影響目前的行為，這些心理的力量（psychic forces）是非常強烈的，甚至讓我們以為是天生的衝動使然。
生態脈絡取向	多元文化諮商與家族治療	生態脈絡的諮商主要是考量人與環境之間的關係，「人」與「環境」是互相生成與影響的，人類依據自己對於周遭所處環境的了解，會對生活脈絡做反應，也可以創造生活。

＋ 知識補充站

　　諮商師從事助人專業，基本上其言行與生活，也與其所相信的理論一致。也就是說某個學派的諮商師所表現出來的，就是某學派的理念及樣態。

4-2「個人中心」學派與治療法

「人本取向」或稱「關係與體驗取向」。所謂的「關係與體驗取向」就是重視人的創意與行動力，強調個人的主觀經驗，把治療當作是當事人與治療師一起參與的旅程，可以比照我們儒家的中心思想，也就是認為人性本善，只要適當引導就可以成就良善社會。

人本中心學派相信人有充分發揮功能的傾向，有向上向善的潛能，只要提供當事人正向、信任與溫暖的環境，就可以促使其朝自我實現的方向邁進，而自我實現是終生持續的歷程。

「個人中心」學派

Carl Rogers（羅吉斯）所創的「個人中心」（person-centered）學派，認為要讓當事人引導過程運作的方向，治療師就可以做得更好，而治療關係是讓當事人改變的必要且充分條件。治療師以自己為工具、以當事人為中心，治療關係本身就是治療，諮商師會以同理的態度，進入當事人的主觀世界（內在參照架構），重視其情緒與內心世界，以人性的關懷及理解，讓當事人對自己有新的了解，重拾自己的能力，去面對生命中的挑戰。

一、主要觀點

諮商著重關係品質，治療師必須能夠接納與同理當事人，當事人才會相信自己、有能力面對與解決生活中的挑戰。

成功的治療除了關係品質、治療師的特質之外，羅吉斯認為治療師需要提供三個核心條件，也就是「無條件積極關注」、「同理心」與「真誠一致」，以不批判、溫暖、信任的態度來關切當事人與其福祉，站在當事人立場去體會當事人的感受、想法與行為，治療師同時要前後裡外一致、展現真誠的透明度。

二、治療目標

諮商聚焦在當事人的感受、經驗上，而治療關係若可以達到相互信任、接納與自發性（spontaneity），就會有正向的結果出現。羅吉斯認為人之所以出現問題是因為「理想我」（ideal self）與「現實我」（real self）之間的差距過大，導致個人所覺知的自己與真實的自己「不一致」，由此可見羅吉斯將當事人視為「適應不良」的人、而非「病人」。也因為當事人進入諮商室時是處於「不一致」的狀態，治療目標是讓當事人不以他人對自己的評價為依歸，而是以自己的標準來看待自己（內在自我評估標準），在不需要依賴外在的關注下，成為一個有自尊與自信的人。換句話說，治療師提供平等、溫暖、接納的關係，讓當事人從自我接納開始，願意看見與發揮自己的能力，坦然面對所遭遇的挑戰、並試圖解決問題。

小博士解說

「理想我」就是自己想要成為的自己，而「現實我」則是在實際生活中的自我模樣，因為「理想我」與「現實我」之間的差距太大，我們對自己通常很不滿意，因此個人中心諮商就是要將兩者之間的差距縮小、增進一致性。

促成改變的關鍵因素
（Corsini, 2008, 引自 Henderson & Thompson, 2011/2015, p.3-2）

促成改變的因素	說明
認知（了解自己）	了解自己並不孤單、別人也有相似問題的「普同感」，了解自己並獲得新的觀點（「頓悟」），藉由觀察與模仿他人（「示範」）學習做自我改善。
情感（愛身邊的人）	受到接納或者重要他人的無條件積極關注而「自我悅納」，當事人意識到諮商師與他人的關懷、自己也想付出愛（「利他性」），諮商師和當事人之間產生的情感連結（「移情」作用）。
行為（做好工作）	當事人能實驗新行為並且得到支持與回饋（「現實感測試」），可以表達憤怒、恐懼等情緒而且被接納（「允許表達」），在「互動與相互影響」前提下，當事人願意承認問題的存在並思考改變。

個人中心原則（Westergarrd, 2011, p.42）

我們都有自我實現的動機

我們都是特殊的

人性基本上是良善的

我們都需要被愛與被認為有價值

我們都處在為自己生活做最好決定的位置

＋ 知識補充站

立即性（immediacy）是在以下情況下使用最佳：（1）諮商師感受到當事人強烈情緒未表達出來時；（2）在當事人將情緒投射到諮商師身上時；（3）治療師發現諮商關係緊張時；（4）當立即性的回饋是必要時。（Westergaard, 2011, p.56）

4-3「個人中心」學派與治療法（續一）

三、治療技術

由於個人中心學派是以「關係」為重，因此不以技術取勝。此學派相信人有能力與自我實現的需求，只要讓當事人看見自己、悅納自己，就可以面對挑戰與問題，最重要的就是三個「核心條件」，因為治療師把自己當作最重要的治療工具，具備了這些特質，就可以有效進行諮商，當然還有「立即性」、「重新架構」以及諮商師「自我揭露」的適當運用。這個學派幾乎是適用於所有文化，因為每個人都希望被了解與認同、尊重與愛，當事人在充分體驗當下的情況下，學習接納自己、自我認同與成長，也做出改變的決定。

四、個人中心學派在兒童與
　　青少年諮商中的運用

個人中心學派將治療關係視為最重要的療癒因子，平等的關係讓當事人覺得自己被重視，治療師不是專家，而是願意聆聽、催化當事人發揮潛能的人。兒童與青少年階段是處於「真實我」與「理想我」之間差距極大的時期，但是他們的需求還是與一般人一樣——都需要被看見、被認可，因此諮商師「會傾聽」的耳朵是認可當事人最重要的方式。傾聽就是將舞臺讓給當事人，不要帶著先入為主的偏見來聽故事，而是保持開放與接納的心，好好聽當事人怎麼說，也讓他有機會說出自己的故事。對於兒童與青少年族群而言，這樣的平等關係、願意傾聽，而且能深入同理當事人的內心世界，可能都是第一次遇見，他們感受到的是被接納的自信與價值。

兒童與青少年因為年紀與生命經驗不足，常常被視為是「弱勢」、「無能力」的人，而且一般人對於他們所說的話也採不信任的態度，因此一般人認為的「偏差行為」都是成人的威權定義而來，讓兒童與青少年更無法為自己發聲、說出他／她所認為的事實真相，因此傾聽與開放的心態讓他／她覺得被照顧、接納、尊重，接下來他／她才願意卸下心防、聆聽諮商師，或是有進一步的改善動作出現。

諮商師在傾聽之前，通常要做細密的觀察，不是僅限於在諮商室裡，還要走出諮商室去接近當事人所生活的世界，也許當事人在班上上課常會出現無聊狀態，或是被同學奚落，然而到運動場或是操場，他／她可能擅長運動、遊戲，也與其他人有良好互動，這樣或許可以讓諮商師更了解當事人。

面對兒童或青少年當事人，他們常常因為被聽見而願意做改變，加上諮商師的深度同理、與當事人平等的關係，會讓當事人覺得被了解與認可，而諮商師了解當事人是有能力去處理自己面臨的議題，只是暫時「卡住」罷了，當事人會有勇氣採取行動去承擔與負責。

在面對兒童或青少年當事人時，適時適當地使用自我揭露是可以的，減少了他們對權威人士的害怕與神祕感，但是也可能因為使用時機不對或不當，讓當人覺得諮商師沒有能力協助，特別是有些青少年會挑戰諮商師，諮商師還是一貫採取同理與接納態度，不要將其「個人化」（認為當事人在攻擊自己），這通常是他們的試探動作，不要在意。

個人中心諮商技巧

諮商技巧	說明
積極傾聽	眼神接觸、身體姿勢、臉部表情與聲調。
同理心	設身處地站在對方立場去體驗、感受與思考,並將這些說出來讓當事人知道。
情感反映	正確反映當事人表面與內心的情緒,目的是邀請當事人去探索更多。
立即性	當下將當事人的行為做描述,不帶任何批判,目的是讓當事人思考並檢視治療關係。
摘要	將當事人所說的以自己的話做重點整理,目的為表示聽見、了解,或可做出釐清。
挑戰	針對當事人所言所行不一致之處做出說明,希望當事人可以進一步思考或解釋。
有效的問題	當事人願意誠實回應、不擔心暴露自己缺點,有助於治療關係之經營。

同理心輔導案例

同理心三步驟	案例
事實陳述 (A)	當事人說:「我那天莫名其妙被老師處罰,其實也不是我的錯,我只是經過而已,老師就以為是我把同學的作業弄到地上。」
情感反映 (B)	當事人說話很大聲、還比手畫腳,表情有點難過與生氣。
同理心 (A+B=C)	諮商師說:「你說自己被老師誤會、莫名其妙受到懲罰,你很生氣、難過、覺得自己很無辜,但是對方是老師,又不能對他怎樣(無奈)。」

4-4 阿德勒學派與治療法

阿德勒（個體）心理學派

Alfred Adler（阿德勒）是以「全人」觀點出發。他認為人是「社會性」的生物體，受到社會因素的影響與促動，人是「完整」（holistic）的整體，也是積極、主動、有創意、做決定的個體，不是命運的犧牲者，因此個人會主動選擇自己想要的生命型態。

一、主要觀念

阿德勒提出最重要的觀念就是「社會興趣」（social interest）。「社會興趣」是指個體對他人的正向態度，與自我認同、同理他人有關。人生活在人群中，因此願意與他人相處、與人建立良好的關係、願意服務他人及貢獻，就是社會興趣的發揮。人類行為主要是受到社會興趣所驅動，而「社會興趣」也是評估一個人適應情況的指標。

其次，每個行為背後都有其目的。一個人的行為與人格是受到自己的「目的」所影響，人有自由意志，也有選擇之自由，因此個人的行為是「有意識」下的決定，而不是受天生的性驅力所左右。每個人都有自己的「虛構最終目標」，這些虛構目標就是引導個體朝向未來的動力，而這個「虛構最終目標」可能會有錯誤，只要加以導正（往社會興趣的方向），就可以航向光明未來。

每個人有不同的「生命型態」，生命型態指的是終生引導個人生活、組織其現實世界，以及給予生命事件意義的核心信念與假設，而根據這些信念與假設，也決定了我們的行為目標，倘若這些假設錯誤，也可能導致錯誤的行為與生命目標。

阿德勒認為許多孩子的行為出現問題是因為沒有受到認可與鼓勵，因此許多行為其實是「適應」的問題，而所有的問題都是「社會性」問題，人類行為主要是受到社會關係所驅動。

阿德勒是最先採用家族治療的心理師，他也將民主平等的觀念帶入治療中，因此，阿德勒學派特別重視「家庭星座」（family constellation）與「家庭氛圍」（family atmosphere）對於孩童發展的影響。每個家庭成員的特性、孩子出生序、手足的性別與家庭大小，都會影響孩子在家中的地位，而家庭氛圍是屬於拒絕還是支持，也會影響孩子對自己的看法；沒有受到鼓勵的孩子會變成「適應不佳」的孩子，他/她可能有所謂的「錯誤目標」，導致他/她運用「引起注意」、「權力鬥爭」、「報復」或是「自暴自棄」的方式，企圖取得在家中的地位與認可。

阿德勒以「社會心理地位」（psychosocial position）的角度來研究出生序，有別於實際上的出生次序（chronological position），其中最重要的決定因素就是當事人本身、父母親是如何「看」自己在家庭中的地位？他研究了五個出生序，包括獨子、老大、兩位手足中的老二、老么與中間的小孩，各有不同的特性。

「自然結果」（natural consequence）與「邏輯結果」（logical consequence），這個觀念常常被運用在家庭教育或是親職功能，以及教育現場上。所謂的「自然結果」，就是不需要人為操作、自然生成的結果，像是走路走太快容易跌倒，「跌倒」就是「走路太快」的自然結果；「邏輯結果」就是經由人為操弄而產生的後果，像是媽媽說沒把功課寫完就不准看電視，「不准看電視」就是「功課沒寫完」的邏輯結果，我們日常生活中的法律也是邏輯結果的設定。

「虛構目標」

主導	在與人關係中喜歡掌控與主導。	獲取	總是期待自他人處獲得些什麼、依賴他人。
逃避	逃避問題、不想負責或承擔。	想要成就	成功是唯一的選項，不能忍受失敗。
控制	喜歡有秩序、不能忍受無序或髒亂。	受害或是殉難者	兩者都受苦，但是前者較被動、後者則是較主動。
表現好	總是表現出有能力、有用、總是對的。	表現對社會有益	與他人合作，也貢獻自己。

 「不適應行為」的背後動機（以「感受」來做動機判斷）

引起注意

某人的行為讓你覺得很「煩」，可能其目的就是引起你的注意。

權力抗爭

某人的行為讓你覺得「生氣」，可能是因為他（她）想要證明給你看「誰是老大」。

報復

某人的行為讓你覺得「很痛」，很有可能是以前他（她）也曾經受過傷，因此採用同樣的方式來「報復」你，讓你可以感受到他（她）的痛。

自暴自棄

某人的行為讓你覺得「無望、無力」，也許就因為某人有過太多失敗的經驗，對自己也失去信心了，也不期待他人的協助。

刺激興奮

某人的行為讓你覺得「無厘頭、莫名其妙」，可能就是因為生活太無聊了，所以就做一些動作來排遣。

＋ 知識補充站

雖然需要協助的個案已經獲得協助，輔導教師要注意後續的追蹤與評估，一來可以知道當事人的情況與進度，二來也用以反思處理案例的有效程度。許多個案儘管已經轉介，還是要有追蹤動作，其中有許多個案是需要與其他專業團隊合作進行協助。

4-5 阿德勒學派與治療法（續一）

二、治療目標

個體心理學派的治療目標在於促進或重新導正當事人有益社會的興趣，成為對社會有貢獻的好公民，降低當事人自卑與憂鬱情緒，改變生命型態及目標，因此教育意味濃厚。

三、治療技術

個體心理學派的治療技術，包括：早期記憶（藉以分析生命目標與性格）、分析典型的一天、家庭星座分析、善用正確有效的鼓勵、設定合理的邏輯結果、矛盾意象法、面質、在湯裡吐口水（讓當事人得意的行為不再滋味甜美）、逮到自己（停止某不適應行為）、按鈕技巧（管理情緒）、逃避陷阱（不再重蹈覆轍）等。

四、個體心理學派在兒童與青少年諮商中的運用

1. 了解當事人行為與動機

個體心理學派認為每個行為背後都有動機與目的，因此需要了解行為背後的目的就可以做適當處理，這其實也呼應了「人需要被認可」的需求。諮商師不是以專家身分，而是嘗試用「猜測」的方式，試圖了解當事人，多了民主平權的意味，自然容易讓當事人敞開心房。兒童與青少年行為背後的動機也許是希望引起注意（那麼就給予他們所需要的注意即可）、權力鬥爭（如此就不需要一時不察、陷溺其把戲中）、報復（去了解與接納其受傷之經驗與感受）、自暴自棄（那麼就多給予小小成功經驗），或是無聊（接納其無聊情緒、鼓勵其做創意發揮），順著當事人的需要做適當因應。

兒童或青少年受限於語言及認知發展尚未成熟，有時候無法精確表達自己的想法，於是採用最直接的行為來表示，因此諮商師就可以依據其行為之表現去猜測背後可能的動機，這樣就可以清楚其目的為何？一般說來，兒童行為背後的目的有：討好他人（怕失去寵愛或是擔心被排擠）、優越者（自我認同的部分，需要讓自己都勝過他人才有價值感）、控制者（擔心失控，因此主導欲念強），以及尋求舒適者（不想費太多力氣過生活，因此會逃避責任、自願當老二）。

兒童或青少年的行為不會出現「問題」，只是「不適應」而已，「不適應」的背後是「不被鼓勵與認同」，因此只要清楚其動機，即可找出適當的因應方式。阿德勒學派不將兒童視為「有問題」的孩子，同時也影響了兒童對自己的看法——不會認為自己無可救藥，也讓周遭重要他人從不同角度看兒童的情況，對於行為的改善有較佳期待。孩子需要被了解與認可，當這些需求都滿足了，他們就可以朝著對「社會有益」的方向發展，諮商師使用「猜測」的方式詢問，孩子會覺得自己被了解，接下來也較容易合作。在當事人以引起他人「負面認可」（也就是往對「社會無益」）的方向前進時，不要將其視為個人人格的缺點，而是能夠同理其為何如此做的原因（因為需要「被看見」），相信孩子之前曾經努力過、只是未達一般人設定的標準，因此肯定其潛能、更換不同的方式，必定會有所作為。

一般人的生命型態

- 迴避人際與他人的挑戰
- 規劃或統治他人
- 控制與管理
- 追求卓越與完美
- 殉道者或受害者
- 討好或贏得他人讚許
- 仰賴他人、需要被照顧
- 追求成就
- 尋求安慰與舒適
- 提升會福祉與進步

 兒童不適應行為的背後動機

背後動機	給人的感受	處理方式
引起注意	會讓人情緒上覺得「很煩」	老師給予適當的注意就可以解決。
權力之爭	會讓人情緒上覺得「生氣」	因為兒童想要展示「誰是老大」，老師要避免與兒童直接衝突。
報復	會讓人情緒上覺得「受傷」	表示兒童本身曾經受過傷害，因此想要「以其人之道還治其人之身」，老師要去安撫兒童、同理其情緒。
自暴自棄	會讓人情緒上覺得「無望」	表示兒童之前有過太多失敗的經驗，已經沒有嘗試的勇氣，老師要常用鼓勵、漸進式的嘗試，讓他／她慢慢恢復自信。
無聊	會讓人情緒上覺得「莫名其妙」	表示兒童覺得生活缺少刺激所以很無趣，老師只要明白、幽默一下就可以了。

4-6 阿德勒學派與治療法（續二）

2. 使用正確具體的讚美與鼓勵

阿德勒認為兒童沒有行為偏差的問題，只有「不適應」的問題，或是「缺乏鼓勵」（discouraged），因此具體而有效的鼓勵可以讓孩子看見自己的亮點與能力，這樣的鼓勵才有效、可以支持孩子繼續往前。阿德勒學派因而倡導正確的鼓勵方式，也就是採用「具體」的鼓勵替代華而不實的鼓勵（如「妳好聰明」、「你好棒」）。具體的鼓勵一定有行為的證據，像是：「謝謝你安慰妹妹、還把玩具讓給她。」「你幫同學拿作業，真的好貼心！」正確的鼓勵會讓兒童同時知道自己行為被看見、且受到認同，也明白怎麼做是對的（有益社會的方向）。

具體有事證的鼓勵是容易說服當事人的。每個孩子都有其優勢，只要仔細觀察，或者詢問孩子或其重要他人，也都可以發現。從孩子進入諮商室開始，治療師就可以從孩子的一言一行中去發現他／她的強項，而且在讚美時舉出行為作為佐證，孩子就可以知道哪些是屬於「可欲」行為，不僅協助他／她更了解自己，也對自己更有信心；對懷疑性較強的青少年來說，這些具體的佐證才可以說服他／她，而不是治療師為了博得他／她的好感而說的。

3. 設定邏輯結果

行為後面會產生結果，但是有些結果是「自然」生成，但是這樣靠自然結果的學習方式太慢，有時要付出的代價不菲，而在生活中或是教育場域上，為了讓下一代學習更多，通常會使用「邏輯結果」。

所謂的「邏輯結果」，顧名思義就是要符合「邏輯」，也就是「合理」。小朋友要寫完功課之後，才可以看電視，這就是「邏輯結果」的使用，如果小朋友不寫功課（行為），家長用打罵方式（結果），並沒有促使「寫功課」完成的事實，因此對小朋友來說是「不合邏輯」的。要設定符合邏輯的結果，才可以讓工作完成的同時，贏得孩子的尊重與信任。

4. 早期記憶

阿德勒學派的許多觀點都可以用來了解兒童，像是「早期記憶」、「排行」、「家庭星座」與「家庭氣氛」。輔導教師可以用「早期記憶」的技術，了解兒童的生命目標可能是什麼？性格如何？與重要他人關係如何？以及對世界的看法。早期記憶事件當然越詳盡越好，讓當事人儘量做回憶，然後記錄下來，通常是以當事人八歲之前的記憶為主。諮商師可以將早期記憶記錄下來，包括發生時年紀、事件（是主角還是旁觀者）、參與的人物（可能與重要他人有關）、事情結果（可以一窺當事人的生命態度）以及當事人的感受（可以藉由當事人的感受來了解其性格），通常以此猜測判斷性格正確率達八、九成。

不同鼓勵方式比較

✖ 無效的鼓勵	⭕ 正確的鼓勵
你／妳好帥／漂亮	你／妳的眼睛很亮、很漂亮
你／妳真聰明	你／妳會去想該怎麼解決這個問題，很棒！
你／妳好棒	你／妳替我拿東西，謝謝！
你／妳是乖孩子	你／妳願意在那裡安靜等我，謝謝你／妳！

 早期記憶示例

六歲上幼稚園時，因為與朋友爭執被老師罰站，當時不高興、覺得不公平、生氣，後來母親來接我回家，聽了孩子的解釋，讓我覺得母親是公平的，也受到尊重，鬆了一口氣。

七歲時跟同學一起回家，兩個人在路上看到一隻顏色鮮豔的鳥，驚呼漂亮，因此耽誤回家時間而被母親罵，但是不覺得委屈，後來告訴母親回家路上的經過，母親猜測鳥的種類可能是什麼。

七歲時與哥哥爭玩具，哥哥刻意將玩具弄壞，被父親責罵，自己還去安慰哥哥，哥哥笑了，自己也覺得高興。

 分析

　　重要他人「母親」出現兩次，與母親關係深，也體會到母親的關愛與公平。當事人認為對錯很重要、被公平對待也很重要。哥哥被責罵會去安慰哥哥，可見能夠同理他人情緒，哥哥以笑回應，與兄長之手足情分不差。
　　老師與父親是威權角色，當事人對其較無著墨，也可能反映出對於權威人士的不信任。
　　當事人或許勇於挺身仗義，對事物好奇，也願意去探討未知。
　　三個事件前兩件是參與者，在生活中的主動性大，也願意嘗試去改變或改善。

4-7 阿德勒學派與治療法（續三）

5. 家庭星座與家庭氣氛

阿德勒是最早從事家庭治療的學者，他相信每個人的性格是自小就養成，孩子從重要他人的對待中看自己，也定義自己，雖然有時候會有錯誤解讀，但是這些對自己的看法就形成了「終極目標」，也影響其生命型態。從「家庭星座」裡可以了解兒童在家中的排行、家中成員、家長對待方式、家庭氣氛等，都可以協助了解兒童的個性、養成以及在家中的地位。

家庭是影響兒童最重要的因素，了解家庭成員彼此互動的情況，知道家庭氣氛是威權、壓抑、拒絕、批判貶低、不和諧、不一致、物質主義、過度保護、憐惜、無望或殉道者等，其所養成的兒童也會有不同性格。

兒童與青少年當事人儘管受到原生家庭極大影響，但是也要看當事人自己的解讀與感受，才是塑造其人格的重要關鍵，這也說明了人是可以「選擇」的（人並非被動）。這裡所謂的排行，不一定是指實際的出生序，阿德勒學派稱之為「社會心理地位」，也就是個體對於自己在家中的位置、父母親對待的態度來評定，也因此實際排行老二的人，可能是實質上的「老大」，如果排行老大者較不被父母親信任，或是表現較差，老大的位置就可能被接下來受重視的老二所取代。阿德勒的排行少了「性別」因素，在中國傳統的家庭裡可能因而有區別。從當事人不同的排行與家庭氛圍，可以藉此更了解當事人的情況與情緒、可能的想法，要進一步做介入就較能切中問題。

阿德勒進行家庭治療時，甚至從更廣的生態、社會脈絡角度來看當事人，這也給了諮商師很好的提醒，尤其是面對兒童與青少年當事人時。通常當事人因為年齡以及能力的關係，卻又希望可以出一份力量、協助問題解決，因此往往會成為家庭問題的「代罪羔羊」，因此把其他的脈絡線索放進來，不僅可以更了解兒童與青少年的行為，在做處置時，將當事人環境中的其他資源也納入考量，效果事半功倍！

6. 典型的一天（a typical day）

阿德勒學派有個治療技巧是「典型的一天」。有時候可以詢問兒童這一天是怎麼過的，藉此可了解孩子日常作息、所做的活動與接觸的人，用在了解兒童的生活、時間管理與家人互動情況非常有用，同時若要當事人嘗試改變一下，也可在典型的一天中插入一點小改變，讓當事人試驗一下、創造成功經驗，接下來的改變才會較為容易。像是要改善當事人繳交作業的情況，不需要求他／她在短時間內完成作業，而是將作業分成好幾個部分，讓當事人完成一小部分之後，感受其成就感，願意持續努力，偶爾也要「限制」一下（如「你／妳可不要一下子就寫完喔！」），挑戰一下諮商師對當事人的「質疑」，在當事人完成挑戰的同時，給予大大的稱讚！

出生序與性格（要留意當事人觀點與家人的對待）

老大　性格特色

保守傳統也威權、可靠、過度負責、內化雙親的價值觀與期待、完美主義者、成就傑出、占主導優勢、非常勤奮努力。
口語能力較佳、較有組織、行為良好也較符合社會期待，常常是領袖的角色，會以衛護家庭為先，與長輩的關係較好。

兩位手足中的老二　性格特色

若與老大差距三歲以內，可能就會將老大當作假想敵、競爭的對手，他（她）會先從老大擅長的地方下手，若是發現無法超越，就會朝不同的方向發展。
老二較會照顧人、表達能力亦佳，老二也常常感受到競爭的壓力。

中間孩子　性格特色

通常是「被忽視」的孩子，覺得家中沒有他（她）可以發揮之處，所以會朝家庭外發展。也因為較少被注意到，所以擁有較多的自由與創意，在外的人際關係與脈絡較佳，認為自己要認真努力才可能獲得認可，懷疑自己能力、反抗性強、有同理心，若家庭中有衝突，中間的孩子常常擔任「和事佬」的角色，然而也對於他人的批判相當敏感。

老么　性格特色

么子有類似老大與獨子的特性，除了知道後面沒有追趕者之外，基本上是被寵愛的，也予取予求、我行我素，喜冒險、自由自在、具同理、社交能力強，有創意，但也顯示其獨立性甚高，縱使家人對其無太多期待，但卻常常為了要與其他手足並駕齊驅而成為成就最高者。

獨生子女　性格特色

較獨特、自我中心，卻也孤單，擁有老大與么子的性格，習慣成為注意焦點，與成人關係較佳，較早熟，很早就學會與成人合作，當自認為表現不佳時，容易出現偏差行為。

 典型的一天範例

　　五年級的阿昌因為不交作業被轉介到輔導室。據班導宣稱，阿昌之前都沒有這樣的情況，於是輔導老師請阿昌將這一天從起床開始的作息做說明。阿昌提到自己放學之後會直接回家，然後吃點心、看電視，一直到媽媽下班回家，叫他去洗澡與寫評量，寫完評量他就累了，上床睡覺。
　　諮商師先開阿昌玩笑，說他是不是喜歡得到老師的注意，要不然本來會交的作業怎麼不交了？阿昌不好意思地否認，諮商師於是肯定阿昌是有能力完成作業的，詢問他願不願意做一點小實驗——請他把點心時間延後十分鐘，先「偷偷」寫作業。結果阿昌願意一試，他還在點心時間之前就完成所有作業，感覺較無壓力。當然諮商師後來了解阿昌還有一些心事，所以也一併做了處理。

4-8 阿德勒學派與治療法（續四）

7. 平權民主

阿德勒是第一個提出在治療中「平權」與「民主會議」觀點的學者，因此治療關係是「平權」對等的，沒有所謂的成人威權，治療師在與當事人晤談時是以平等、猜測的口氣，而不急著建議或命令。諮商師尊重當事人，不論其性別、年齡、社經地位或背景，展現出來的「態度」，讓當事人感受到被尊重與被平等看待，同時諮商師也很謙虛展現自己「願意從當事人身上學習」的態度，讓當事人覺得自己很不錯。阿德勒在做治療時，讓當事人感受到其沒有威權的真誠關切，而且當他詢問與兒童一同來的家長或教師之後，會請家長或教師暫時退場，他要給當事人有機會敘說自己的故事，而不是以成人的眼光來「定義」問題，這一點很符合其民主的態度。

尊重兒童或青少年當事人自我陳述的權利，並且以不批判、甚至是欣賞鼓勵的態度面對，不僅讓當事人覺得被接納、認可，也讓其覺得自我權益被尊重，諮商師要取得當事人的進一步合作就不是難事。阿德勒所提倡的家庭民主會議，不因兒童或青少年的年齡而將其投票權益折半，而是回歸到「人」的基本權利，這樣的民主教育落實在個別諮商、團體諮商與家庭諮商上。阿德勒也是最早進行家庭治療的一位學者，在進行治療時會先聽家長的陳述（通常是孩子的「問題行為」），接著會將家長遣開，仔細聽孩子敘述自己這一方的故事，也從這裡取得孩子的合作，看看是不是可以了解孩子的行為目的，並做適當處置，這如同後現代治療，將當事人視為「自己問題專家」的理念！將個體心理學運用在家庭治療時，尊重每一個人的發言權與感受，讓每個人在家庭中可以有所歸屬、同時擁有自我獨立的權力。

8. 夢的分析

阿德勒對於夢的解釋與佛洛伊德不同，他認為夢是「情緒的工廠」，將夢視為提升個人覺察的管道，而不強調夢的象徵意義。一般人在夢裡，會將自己白天所遭遇的問題做演練與解決，因此「夢的分析」也可以是生命型態分析的一環。一般來說，我們在做兒童與青少年諮商時，很少用到夢的分析技巧，然而有時候請當事人敘述夢境或者做解釋，也可以成為在諮商晤談裡的一個主題，藉由說夢、釋夢，可以更了解當事人對自己的看法、生命中所要的東西，也藉此協助當事人朝向對社會有益的方向努力。

小博士解說

聽聽孩子說夢，或許可以從中了解當事人所思、所感以及盼望，也可以協助當事人更了解自己，以及可以做的努力。

兒童與青少年發展階段的特色與需求

發展類別	學齡期兒童	青少年	注意事項
發展任務	學習動作技能、建立正向自我觀念、學習適當的性別角色行為及與同儕相處；發展價值觀、道德與良知；學習獨立；培養基本學習技能；了解自我與周遭世界。	發展觀念性與問題解決技巧；與兩性同儕建立成熟關係；表現吻合社會期待的負責行為；接納自己生理成熟的變化；為未來生涯做準備；情感與經濟獨立。	兒童後期已經與同儕有發展不一的情況，女生較之男生早熟，早熟的女生受到同性排擠、早熟的男生受同性忌妒。青少年期需調適發展中生、心理情況，在獨立自主與依賴之間掙扎。
生理	國小中、高年級身體開始發育，對於性別刻板印象較嚴苛。	對身體與外表很在意，偶有不適應的情況，會嘗試新的動作、測試自己的能力。	學齡兒童行為與情緒轉變較快，精力旺盛、易疲倦。青少年性慾的壓抑，可以經由正確觀念與抒發管道（如運動）來緩解。
認知	處於 Piaget 的「具體運思期」。已有「物體永存」的概念、逆向思考能力、邏輯分類觀念。	進入「形式運思期」；有假設性與抽象思考；開始認真思考與尋找自己的定位及生命意義。	國小中、低年級生還在認知具體化階段，說明時需要有動作示範、以明確指示或例子做輔佐、提供適當的學習資源。
情緒	中年級開始對自己的特色有矛盾感受，較遵從成人指令、偶而反權威，對電視或流行的物品感興趣。高年級情緒發展較廣泛與多樣化，對他人情緒有較好的判斷。	自我意識強（較自我中心）、容易與權威人士起衝突；情緒起伏大，喜歡做白日夢。	兒童慢慢拓展情緒光譜，也慢慢學習情緒管控。青少年因為賀爾蒙影響，情緒起伏較大，也易受同儕影響。
行為	情緒表現較極端，入學後行為表現較有組織、專心，為自己行為負責，也能表達自己想法，表現更獨立，學會合作，可獨力完成工作，高年級時有時表現笨拙或莫名其妙，喜與人競爭。	不安、好動、精力旺盛；容易無聊，會找刺激、做無厘頭的行為；有時候出現笨拙情況，主要是身心發展與調適的問題。	兒童因為受限於語言發展，許多語言不能明說部分或用動作表達，身體出現的症狀通常與壓力有關。要注意其行為背後的動機或意圖。青少年注意自己的外貌、他人的看法，也開始有親密交往，或處理自己的性衝動。
社會／人際關係	低年級友伴關係不穩定，中年級開始與同性別的玩在一起，在乎他人對自己的看法與喜愛程度。高年級女生較同年齡男生成熟。	容易結黨成派，社交發展從家庭轉移到以友伴為中心。想爭取獨立、努力脫離對父母的依賴。	了解此年齡層的次文化與流行是很重要的，同時肯定兒童有自己的想法。青少年有較多時間與同儕相處，基本上還是依賴父母親。

4-9 認知行為學派與治療法

認知行為學派

一般說來，認知行為學派是最容易入手與進行的諮商理論，因為我們經常是以語言為溝通工具、企圖以說服或是建議他人的方式來做溝通。當然諮商不只是說服而已，還需要取得當事人的認同與合作，才是有效協助改變的做法。

一般說來，行為學派的基本觀點是：「改變行為才是真正的改變」，認知學派的基本立論則是「改變認知就能夠造成行為與生活哲學的改變」，目前這兩個學派都採用了彼此的觀點，也就是只要改變行為、認知與感受任何一項，就可以造成改變（見右頁圖）。

一、主要觀點

Ellis 創立了「理情行為治療」（Rational emotive behavior therapy, REBT）。他認為人基本上是屬於享樂主義（會趨樂避苦）的（Dryden, 2007），但同時有理性思考與非理性思考的潛能，理性就是增進個人幸福與存活機會（因此是彈性、不極端、合邏輯與現實），而非理性則是妨礙幸福與存活的（因此是僵固、極端、不邏輯與現實不符）。人天生就容易有非理性想法的發展，但是也有潛能去抗拒這個發展，而人的知覺、思考、情緒與行為是同時發生的（Corey, 2009; Dryden, 2007; Nystul, 2006）。主要的心理困擾（psychological disturbance）是對生活實境或覺知的困擾反應，源自於非理性思考，只有無條件接受自我、做出有理性合現實的反應，而且有適當的困擾容忍度（disturbance tolerance），才是健康。

Beck 創立了認知治療（Cognitive therapy, CT），他認為人的行為基本上受到自己信念的影響，也就是我們的情緒反應與行為深受認知理念的影響，是我們對自己或是情境的思考、信念與解釋，也就是我們賦予的意義如何（Westbrook, Kennerley, & Kirk, 2008）？而人的認知、情緒或感受、行為與生理等四個系統彼此互動、影響。

二、治療目標

理情行為的治療目標是減少當事人的自我挫敗感、獲得一個更務實可忍受的生活哲學，也就是減少當事人的焦慮（自責）與（對他人與世界的）敵意，教導當事人自我觀察與評估，以確保情況的改善（Gilliland & James, 1998）；認知治療的治療師基本上是聚焦在「問題」，接著是檢視其信念或基模的合理與否，然後就要讓當事人進入現實世界去檢視其信念（或基模）之可信度，發展新的因應方式（Beck & Weishaar, 1989; Kellogg & Young, 2008），也就是：1. 解除症狀、解決問題；2. 協助當事人獲得新的因應策略；3. 協助當事人修正認知架構以防復發（Moorey, 2007, p.307）。

三、治療技術

REBT 結合了情緒、信念與行為三者，所以它的諮商技術也至少包含這三類，情緒技巧的主要目的是讓當事人在治療師協助下的改變過程中，可以體驗自己的情緒反應，同時認清、質疑與改變自己的非理性信念，強調「喜歡」與「必須」之間的差異；而認知技巧主要是用來增進當事人的信念改變，處理的是當事人生活中的「應該」與「必須」；此外，行為技巧的主要目的是運用不同技術讓當事人改變不可欲行為，同時也有更好的適應行為產生，因為改變行為的同時就可以改變認知。

行為主義治療的主要觀念（Nystul, 2006, p.237）

行為治療是聚焦在外顯、可觀察到的行為過程與認知

行為治療著重在當下、此時此刻

運用具體定義與目標

適應行為主要是學習的結果

行為治療是依據
科學方法進行

行為主義目標（George & Cristiani, 1995, pp.90~91）

協助當事人

學習做
更有效率決定
的過程

藉由加強可欲行為
（desirable behaviors）
來預防（未來）問題

改變
不適應行為

將改變的行為
遷移到
日常生活中

 認知、感受與行
為三者的關係圖

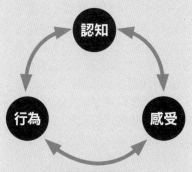

認知

行為

感受

彼此相互影響，
介入其一都能造成改變。

 常見的自我破壞信念
（Geldard & Geldard, 2004, cited
in Westergaard, 2011, p.99）

自我破壞信念	舉例
應該、必須的信念	「我必須要跟他做朋友，畢竟每個人都喜歡他。」
災難式信念	「如果我跟這個有關係，就一定會出差錯！」
「總是」與「從不」的信念	「我常常出去也沒有出什麼問題啊！」
挫折忍受度信念	「我的老師們總是在講一些無聊的話，說什麼我以後會很有出息之類的。」
責怪他人的信念	「這不是我的錯，都是我朋友害我的！」
負面的自我知覺信念	「跟其他人相比，我覺得自己又胖又醜。」

4-10 認知行為學派與治療法（續一）

三、治療技術（續）

Ellis 認為當事人在每次晤談之間的學習，比晤談時段更多，因此「家庭作業」就相當重要，而 REBT 鼓勵當事人去執行協調之後的作業，也將家庭作業視為諮商過程的核心（Dryden, 1999）。

認知治療所使用的技術包含許多，除了 Beck 研發的治療方式與程序之外，還有放鬆練習、系統減敏、心理與情緒想像、認知與明確示範、停止思考（thought stopping）、認知重建、冥想、生理回饋、語言神經計畫與「眼動減敏及歷程更新療法」（EMDR）等（Gilliland & James, 1998）。

四、認知學派在兒童與青少年諮商中的運用

1. 提供不同角度的思考

治療師的一個功能是「為當事人開啟另一扇窗」，許多兒童或青少年是因為生命經驗與認知發展有限，因此問題解決方法就會受限，提供兒童或青少年相關的一些可能解決方法（特別是有人用過的），他們其實就很容易理解。像是：「你說是出拳的力量比較大、還是要把拳頭收回來的力量大？」「以前我聽說過一個跟你一樣大的同學說，別人罵我三八、可是我又不三八，所以就不用理他（對號入座）！」

2. 改變認知

從當事人所舉的案例中去找尋改變的契機。像是當事人若認為只要獲得好成績就會得到別人讚賞，但是她卻無法達成，因為她的成績不佳。讓當事人去做一項作業，訪問重要他人、說出她的優點並舉證。如果這項作業完成之後，當事人還是沒有被說服、自己還有其他優點可以得到認可的話，可以讓她去看看自己喜歡偶像的優點，延伸到每個人都有不同的優點與能力，只要對社會有用就好。

3. 故事或是其他經驗分享

諮商師可以利用教育性的繪本、故事書與影片作為媒介，或是談話的題材，讓當事人可以從中學習一些智慧或道理，甚至可以看到別人也有這樣的經歷而不孤單，「別人可以成功、我應該也可以！」

兒童與青少年也喜歡聽故事，不一定要以專輔教師所經歷的故事來做引子（畢竟相隔有年代距離），而是以他們同儕的故事來說明，更具說服力。

4. 家庭作業

使用「家庭作業」的目的可以延續諮商效果，也可以讓當事人嘗試與試驗不同的行為與解決方式，通常也會讓他們在認知上產生改變（像是當初認為不可行、卻可以做得到）。「家庭作業」除了要配合諮商目標，也要為當事人「量身打造」（所謂的「客製化」），同時要注意當事人當時的處境或環境是否可以讓其順利進行作業（如讓當事人訪問家長，家長卻認為是「擾民」）？最好的方式是與當事人商議家庭作業要做什麼？倘若不成，可以哪一種方式取代？取得當事人的合作，「家庭作業」的完成率才會提高，也才能達成當初預計的目標。善用不同形式的作業，可以達到既定的效果。

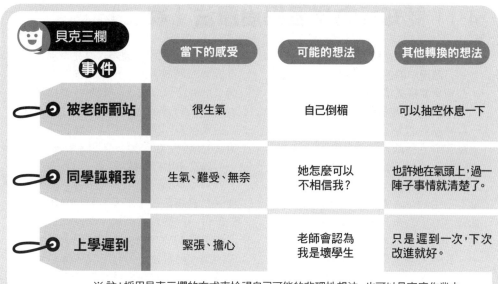

貝克三欄 事件	當下的感受	可能的想法	其他轉換的想法
被老師罰站	很生氣	自己倒楣	可以抽空休息一下
同學誣賴我	生氣、難受、無奈	她怎麼可以不相信我？	也許她在氣頭上，過一陣子事情就清楚了。
上學遲到	緊張、擔心	老師會認為我是壞學生	只是遲到一次，下次改進就好。

※ 註：採用貝克三欄的方式來檢視自己可能的非理性想法，也可以是家庭作業之一。

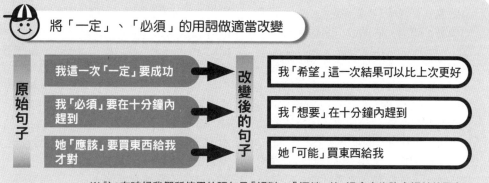

將「一定」、「必須」的用詞做適當改變

原始句子

我這一次「一定」要成功 ➡ 我「希望」這一次結果可以比上次更好

我「必須」要在十分鐘內趕到 ➡ 我「想要」在十分鐘內趕到

她「應該」要買東西給我才對 ➡ 她「可能」買東西給我

改變後的句子

※ 註：有時候我們所使用的語句是「絕對」、「極端」的，這會產生許多額外的壓力，因此做適當的改變，也可以改變認知。

＋ 知識補充站

青春期孩子有所謂的「向內攻擊」（或「內化」）行為，亦即不是將一些症狀向他人宣洩，而是加諸在自己身上，因此造成情緒上的憂鬱或沮喪。青春期的憂鬱症呈現特色是氣憤不安、不溝通、對他人批評很敏感；而「外化行為」就是將徵狀表現出來（對自己或他人發洩），自傷或暴力就是。（Dixon, Rice, & Rumsey, 2017,pp.330~331）

4-11 **認知行為學派與治療法（續二）**

四、認知學派在兒童與青少年 諮商中的運用（續）

5. 重新架構或重新框架 （也可參見後面的「焦點解決」）

許多孩子因為不善於語言表達，因此就採用最直接的方式－行為－來表現，而其行為背後的動機是需要被了解的，一旦被了解之後，才可能與孩子商議其他有效的解決之方。諮商師的另一項功能就是提供當事人另一個思考角度或觀點，「重新架構」就是可以使用的技巧之一。此外，運用「重新架構」技巧，也可以探索孩子的行為動機。像是「打人」行為，諮商師可以進一步詢問：「你也不想出手打他，可是因為他太煩了、你告訴過他很多次他都不聽，所以你才會生氣動手。」「重新架構」還可以看見孩子的優勢，如對一個懶散不寫功課的孩子說：「你喜歡按照自己的方式寫作業，不喜歡別人叫你做什麼，是不是？」進一步「重新架構」，還看到事情的不同面向與希望，如：「你有保護自己的能力，因為你的力量很大，我相信以你這樣的力氣，可以用在更棒的地方！」

「重新架構」是從不同的觀點（通常是「正向」的觀點）來看問題，這是諮商師的責任與能力。所謂的「責任」是指諮商師需要提供當事人不同的思考與看事情的窗口，像是孩子說：「我跟我媽常吵架。」諮商師使用重新架構的回應是：「哇，妳們母女倆儘管意見不同，但是很努力溝通啊！」有人誤會「重新架構」是替另一方說話（像是：「妳媽是為了妳好」），事實上並不是，而是從不同的觀點來看同樣一件事情。諮商師使用適當的幽默，也是另一種重新架構。

6. 適當運用行為技巧

對於兒童與青少年族群來說，許多事物光是靠想像效果不大，若是能夠說服他們做一些體驗式活動、測試新行為，這些都有助於其想法或情緒之改變。一般說來，最常使用的行為技巧像是測試假設、行為預演或角色扮演、安排活動、認知作業（包括寫日誌或紀錄）、想像、實驗、放鬆練習、冥想、呼吸控制、運動、肯定訓練等，這些也都可以成為當事人的「家庭作業」，用來維繫或維持治療效果。此外，運用「自我對話」（self-talk）的方式來改變一些不合理的「自我陳述」（self-statement）也是不錯的方式。例如，對於自信不足的兒童或青少年，常常在發生一些負面或非自己預期事件時，可能就會「自動地」在心裡 OS：「你看，我就是這麼笨」或「我不可能做好」，嘗試用新的、正向的自我陳述（如：「做錯一次，不會讓我變笨蛋」或「多試幾次，我就學會了」）來替代舊有、負面的自我陳述，久而久之，自信心也會適度提升，至少不會每一次都將箭靶指向自己。

常見心理疾病「認知側面圖」（cognitive profile）

疾病名稱	資訊處理的系統性偏誤
憂鬱症（depression）	對自我、經驗與未來持負面看法
輕躁症（hypomania）	對自我與未來的誇大想法
焦慮症（anxiety disorder）	對生理與心理危險的感受
恐慌症（panic disorder）	對身體與心理經驗的災難式解讀
恐懼症（phobia）	在特定、不可避免的情境感到危險
偏執狀態（paranoid state）	歸因於他人的偏見
歇斯底里症（hysteria）	對動作或感受的不正常觀念
強迫思考症（obsession）	對安全的重複警告或懷疑
強迫症（compulsion）	運用特殊儀式來抵擋覺察到的威脅
自殺行為（suicidal behavior）	對解決問題的無望感與無能
厭食症（anorexia nervosa）	害怕變胖
慮病症（hypochondriasis）	歸因於嚴重的醫療疾病

※ 資料來源：Beck 與 Weishaar（1989, p.296）。

＋ 知識補充站

　　「家庭作業」是認知治療很重要的一部分，不僅可以用來收集資訊、提供將治療所學運用在生活上的機會，也可以讓當事人真正去體驗。在給當事人作業之前，需要與當事人協商，並說明作業的意義與功能、清楚的方向、可能遭遇到的干擾等，也就是在規劃「家庭作業」時，需要與諮商時段所發生的有關聯、合理有邏輯、符合當事人之生活情況、要有周詳規劃（並防止可能之困難或問題）。

4-12 **現實學派與治療法**

現實治療

現實治療是由葛拉瑟（William Glasser, 1925~2013）所創發，「選擇理論」（choice theory）就是現實治療的骨架（Glasser, 1998）。Glasser（1975）定義「現實」，包括我們生存世界的限制，對當事人來說現實固然痛苦殘酷，但是會慢慢改變，「責任」則是無法滿足基本需求的表現（但是同時不能剝奪他人的權利，這就是「道德」），也因為「討論」不負責任的行為無濟於事，因此需要積極「行動」，改變才可能產生。

一、主要觀點

1. 行為改變的因素

造成行為的因素有行動、感受、想法與生理等面向，只要啟動「行動」與「思考」可以引發改變，所以可讓學生從小動作或作業開始，願意去試試，或者改變他的想法，改變就可能產生。

2. 人有五種基本需求

人類的五種基本需求為：生存與孕育下一代、愛與隸屬、獲得權力、自由與樂趣，現實學派特別強調其中的「愛與隸屬」。對兒童與青少年來說，也需要滿足這五種需求，除了生存所需的營養保健之外，有人愛、知道自己隸屬於家庭或被同儕接納，對生活有若干掌控感，而不是都靠他人決定，得到適度的活動與選擇自由，在生活中有樂趣與快樂，就是滿足其需求，也會朝正向成長。

3. 行為都經過選擇

人的行為是經過選擇的，因此諮商師的工作是：協助兒童選擇有效的行為，滿足其需求。

由於「現實治療」是以「選擇理論」為基礎，認為人的每一個行為都經過自己的選擇，因此也可在諮商過程中提出「選擇」讓學生自己做決定。像是對於非自願當事人，可能有許多抗拒行為，那麼不妨讓他／她做一些選擇，如：「你可以不需要在這裡待一節課，如果我們可以在五分鐘之內把該做的做完，你當然就可以離開，你認為呢？」或者：「你在這裡可以不說話，或者也可以做一些事情？我這裡有一些繪本、玩具，你要不要試試？」選項中要很明顯地讓當事人可以區辨出哪一個「較喜歡」（通常就是諮商師要他／她做的選擇「待一節課或五分鐘」），這樣他／她就會更容易做選擇。

二、治療目標

現實治療的目標包括：行為改變、做更好的決定、增進重要關係、讓生活更好，以及心理需求可以獲得更有效且滿意的結果，換句話說，就是可以學習做更好、有效的選擇，對自己生活更有控制感（Corey, 2009）。

小博士解說

我們隨時都在「行為」（behaving）。現實治療所謂的「全部行為」（All behavior），就是我們努力去滿足自己需求的最佳企圖，是由不可分割的四部分（行為、思考、感受與生理）所組成（Glasser, 1998; Glasser, 2000, p.65），這四部分都是同時發生的，因此行為都是有目的的。

現實治療過程
（Glasser, 1972, cited in George & Cristiani, 1995, pp.95-96）

治療進度		說明
Step1	涉入（或參與）	溫暖與了解的關係。
Step2	聚焦在行為而非感受上	強調當事人知道自己在做什麼。
Step3	聚焦在當下	除非過去與現在行為有關，才需要去探索過去。
Step4	做價值判斷	當事人要檢視自己所做的、並檢驗是否為負責的行為。
Step5	擬定計劃	訂出具體執行計畫、將不負責的行為改為負責任的行為。
Step6	做出承諾	計畫只有在當事人願意做出執行承諾時才有價值。
Step7	不接受藉口	不是所有計畫都會成功，但是一旦計畫失敗，就要發展新的計畫，而不是檢討為何會失敗。
Step8	去除懲罰	計畫失敗無需懲罰，只要繼續執行未來計畫便可。

現實治療的WDEP系統
（Corey, 2001, p.83; Glasser & Wubbolding, 1995）

W wants,想要	**D** direction,方向	**E** evaluation,評估	**P** planning,計畫
探索當事人想要、需要與覺知的為何？	探索目前所做的是不是自己想要前往的方向？要如何達到？	評估當事人目前所做的是否協助其往目標邁進？	發展具體現實的計畫來達成目標

4-13 現實學派與治療法（續一）

三、治療技術

現實治療學派較少提及「技術」層面的運用，治療師主要會選擇適當的技術做介入（如同理、專注、傾聽、隱喻、適當使用幽默感、自我揭露、摘要與聚焦等），其他的以「原則」居多，像是：治療師態度要堅決、公平與友善，不批判、不預設立場，建立界限、遵守專業倫理等，還有一些「必不做」（不要爭辯、不用老闆式管理、不批判或強迫、不貶低自己、不灌輸害怕、不找藉口與不輕言放棄）。治療師主要是讓當事人有「希望感」，這是改變很大的動力。

四、現實學派在兒童與青少年
　諮商中的運用

1. 協助當事人做有效的選擇與行動

當事人之所以發生問題，主要是用了無效的方式來滿足其需求，因此諮商師的任務之一就是協助當事人可以採用「有效」的方式滿足他／她的需求。像是當事人運用暴力欺負同學、這樣家長才會來學校關心他，諮商師可以讓當事人理解怎樣的行為可以獲得家長「關心」而不是「擔心」，也針對其「可欲行為」（符合社會期待）做讚許與增強，這樣當事人就會持續朝這個方向前進。兒童

與青少年往往會認為自己無所選擇，但是這樣也逃避了責任，而現實學派治療師會讓當事人看見自己是有選擇的，這樣的選擇是否達到自己想要的目標？倘若沒有，可以做更有效的選擇嗎？

2. 適當的計畫與執行

現實治療會協助當事人擬定可行的計畫，並隨時做評估與修正，務必達到目標。倘若學生想要有更多朋友，那麼諮商師就與其一起研擬該怎麼做？也在每次執行之後、評估效果如何，成功的方式就保留下來，較無效的方式就做改進。學生執行的計畫需要有人陪伴與鼓勵，才容易堅持下去，諮商師正好可以擔任這樣的角色。

3. 永不放棄

現實治療的一個很重要原則是「不放棄」，沒有逼迫的涵義，只有一直陪伴與鼓勵。兒童與青少年是很容易被放棄的一群，有時候是因為成人不了解、沒有耐心去探討可能原因，所以連帶地孩子也就放棄自己了。諮商師不願意接受藉口（當事人用來逃避之用），同時也以鼓勵、正向的態度，協助當事人擬訂可以達成的目標，陪伴當事人，也成為當事人願意商量的對象。

小博士解說

Glasser 以「選擇理論」為現實治療的理論基礎，而「選擇理論」是一種內在控制的心理學（internal control psychology），解釋了我們為何與如何為自己的生命做決定。

現實學派治療與傳統治療（特別是精神分析）之差異
（Glasser, 1975, pp.51~71; Glasser, 1998, pp.116~117）

1 傳統治療相信心理疾病的存在，而且可以做有效分類，但是現實治療師認為當事人被貼上「心理疾病」的標籤，就不能負責地與治療師合作，而診斷只是用來選擇合適的處置方式。

2 傳統治療會深入探索當事人的過往歷史，以了解病因，但是現實治療儘量不涉及當事人的過去，因為了解原因無助於改變現狀。治療不需要去長期探索問題，因為問題通常都是不滿意目前的關係，既然問題是存在當下，就不需要花太多時間去調查當事人的過去。

3 傳統治療處理移情的問題，現實治療師則以真實自我與當事人連結。

4 傳統治療強調當事人必得了解自己潛意識的情況，獲得頓悟之後才可能改變，而現實治療並不局限在潛意識的衝突裡。

5 傳統治療避免接觸道德議題，但現實治療強調行為的道德責任。

6 傳統治療不重視「教育」的成分，而現實治療聚焦在教導當事人有效滿足需求的方式。

7 傳統治療的諮商師與當事人儘量維持客觀、疏遠的治療關係，但是現實學派的治療師卻是全心投入。

8 傳統治療會花很多時間在探問與傾聽當事人對徵狀的抱怨，這也是當事人選擇在目前所做的，但是「選擇理論」要教當事人——我們唯一可以控制的就是自己。

人類的全部行為就像是汽車的四個輪子（此處以一部汽車來做說明）

行動 & 思考

感覺 & 生理狀態

※ 註：前輪的運作可以帶動後輪的傳動，任何一個行為的改變，也都可能牽動其他行為之改變。（張傳琳，2003）

＋ 知識補充站

　　「選擇理論」說明我們的需求不是「直接」被滿足的，而是我們自出生開始就注意到做哪些事會讓我們「感覺良好」，然後將這些資訊都儲存在大腦裡，於是大腦裡就建立了一個我們「想要」（wants）的檔案（稱為「優質世界」，quality world），優質世界構成了我們生活的核心，而「人物」就是我們優質世界裡最重要的元素。

4-14 敘事治療

敘事治療

敘事治療（narrative therapy）與焦點解決短期諮商（Solution-focused Brief Therapy, or SFBT）是屬於「後現代取向」（post-modernism）的治療，其理論是以「後建構主義」（post-structuralism）為基礎，主要理念有「主體性」（每個人都是主體、都有其價值與觀點）、「意義」（意義是從人的互動中產生，也共創出來），以及「語言」（語言使用的重要性）。

後現代取向重視當事人的觀點與其內在參考架構，將當事人視為自己問題的專家。基本上不管是何種理論取向的諮商師，若是能夠以「正向的意圖」（positive intent）來看當事人，就可以協助當事人更了解自己，不會加深其挫敗感或無力感，這樣不僅可以讓諮商過程順利進行，也讓他/她有機會從他人角度來審視自己。

敘事治療從 1980 年早期紐西蘭與澳洲開始發跡，主要代表人物為 Michael White（1948~2008）與 David Epston（1944~）。White 不以病態觀點來看當事人，也擯棄所謂的「專家」立場，強調一個人的多元身分與故事，而人的身分、價值觀與信念都因文化與語言而有不同。

一、主要觀點

1. 社會建構理論

Michael White 的治療哲學是從「社會建構理論」（social constructism）而來，不僅個體受到文化與環境的影響甚鉅，而所謂的「事實」也是個人經驗之後所發現的真相，我們是藉由創造自己對環境的建構而顯現出對世界的理解與意義。

從社會建構理論而來的觀點，說明了語言的使用與文化因素，形塑也創造了個人在文化中的意義，White 與 Epston 特別注重語言的使用，甚至強調治療師本身要對語言相當地敏銳，也能夠正確地使用（Payne, 2007）。

2. 敘說與解釋形塑了生命意義

從敘事的觀點來說，「個人」是由故事建構而成，治療師邀請當事人決定自己喜愛的故事版本，協助他們留意適合這個版本的生命經驗。每一個人也是藉由「敘說」來定義自己生活的意義，因此每個人所說的故事也決定了他們是怎樣的人、會有什麼樣的行動（Halbur & Halbur, 2006, pp.75~76）。然而我們所敘述的故事，在許多情況下是受到文化或社會價值（「脈絡」）所影響的「主流」故事（dorminant stories），欠缺個人的主體性，也因此加重了「問題」的嚴重性。敘事治療學者認為，我們的故事是多面向的（multistoried）、不限於一個「主流故事」，即便一個事件也可以有不同故事產生。

3. 觀點與多元身分

敘事治療所謂的「觀點」（perspective），代表的是看事情的方式、給予生命意義的方式，也是一種生活方式。文化、社會與政治因素會影響在其中生活的人，特別是與權力有關的一切，滲透到個人及更廣範圍，因此敘事治療師看見主流社會的觀點對一個人生命與觀點的影響。每一個人有不同的身分（如同時是父親、兒子、兄長、老師、師丈、鄰居等），治療師將當事人視為自己生活的專家，認為人有技巧、能力、信念、價值觀與承諾等，協助其減少問題對自己的影響。

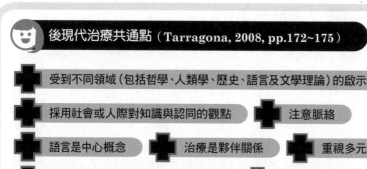

後現代治療共通點（Tarragona, 2008, pp.172~175）

✚ 受到不同領域（包括哲學、人類學、歷史、語言及文學理論）的啟示

✚ 採用社會或人際對知識與認同的觀點　✚ 注意脈絡

✚ 語言是中心概念　✚ 治療是夥伴關係　✚ 重視多元觀點與聲音

✚ 重視地方性知識（或是個人的知識）　✚ 當事人是主角

✚ 治療師的公開或透明　✚ 注重「有效的」方式

✚ 個人動能（personal agency，能夠自己做決定並採取行動）

敘事治療師協助當事人重新建構故事的方式

1. 運用問題來鼓勵當事人去反思不曾注意到（或被忽略）的資源。

2. 運用其他技巧來協助故事的展演（包括使用「外化問題」、深描故事，了解「特殊結局」，並創造當事人所喜愛的其他特殊結局）。

3. 寫信或是給予獎狀激勵（也肯定）當事人的成就。

4. 邀請與當事人相關的重要他人參與（包括儀式，這些見證人可以讓當事人新的故事浮出檯面）。

✚ **知識補充站**

　　敘事治療讓當事人看見自己在「主流社會（或文化）」所定義的「單一身分」之外，還有其他被忽略、漠視或是刻意壓抑的其他「非主流」身分（identities）。

4-15 敘事治療（續一）

4. 解構「人」與「問題」的連結

敘事治療最著名的就是使用「外化問題」。「外化問題」就是不將「人」與「行為」連結在一起（如對「霸凌別人的學生」說：「讓別人不好過這件事對你的影響是什麼？」）可以讓當事人有空間去創思解決之道，不自困於問題中，甚至是抽離出問題情境，讓當事人脫離「負面身分」，創造出個人更多元的身分。

二、治療目標

敘事治療目標通常由當事人決定，治療師陪同當事人重寫他們的生命故事，換句話說，就是協助當事人打破「膚淺描述（繪）」（thin description），與當事人「共同著作」（re-authoring）新的、當事人較喜愛的生命（與關係）故事。對 White 來說，治療就是「關於個人敘事的再開發，以及自我認同的重新建構」（White, 2007/2011, p.70）。例如協助一位「家暴男性」（主流社會的觀點）重新看見自己其他的身分（如「好爸爸」），而不是單一、負面的「家暴加害者」而已。

三、治療技術

1. 問題技巧

「問問題」是為了要引發經驗而非收集資訊，而當引發當事人更多較喜愛的現實經驗時，所問的問題就有治療功效。基本上有以下幾種問題（Freedman & Combs, 1996）：

（1）「解構問題」（deconstruction questions）——協助當事人從不同角度看自己的故事。

（2）「開放空間問題」（open space questions）——一旦問題角度拓寬了，就有許多空間可以容納「特殊結局」。

（3）「較喜愛問題」（preference questions）——在與當事人一起共構新的故事時，要一直反覆確定故事的方向與意義是不是當事人較喜愛的？

（4）「故事發展問題」（story development questions）——一旦空間足夠容納一個特殊結局，或當事人喜愛的發展時，就可以開始詢問讓故事更深描的問題。

（5）「意義問題」（meaning questions）——邀請當事人從不同的角度反思自己的故事、自己，以及與他人的關係，可以讓他們重新去思考與體驗特殊結局、較喜愛方向與新建立故事的影響等。

2. 外化問題

治療師會詢及「問題」對當事人的「影響」，也會問當事人對「問題」的影響為何？就是將「人」與「問題」分開，協助當事人從不同角度思考問題。外化問題是「解構」敘事的一種形式，可以用來決定形塑當事人生命的真正效果（White, 1991, cited in Becvar & Becvar, 2009, p.262），由於「外化問題」是將當事人與問題做切割，不讓「問題」成為個人內在、不可改變的缺陷，而當事人也可以抽離去看自己面臨的困境，比較容易思考出解決之道。重點不在於「問題」，而是其背後所持的信念（Halbur & Halbur, 2006, p.77）。

小博士解說

諮商師將兒童行為視為正向動機時，就有機會創造互動機會，也讓孩子了解他們自己、別人怎麼看他們（Pereira, Smith-Adcock, 2011, cited in Smith-Adcock & Pereira, 2017, p.115）。

外化問題的效果

(White, 1989, cited in Payne, 2000, pp.55~56)

1. 減少人與人之間無建設性的衝突（如夫妻之間的互相責難）。

2. 減少失敗的感受（因為問題並不代表人本身）。

3. 可以為彼此的合作鋪路、共同對抗問題。

4. 打開新的可能性，個人可以採取行動恢復自己的生活。

5. 讓個人可以擺脫壓力與重擔，採取更有效的方式去處理問題。

6. 對問題而言，可以打開「對話」的可能性，而不是個人的獨白。

 敘事治療過程（Reid, 2011, pp.154~160）

Step 1 傾聽充滿問題的描述

Step 2 命名與外化問題

Step 3 去發現當事人有能力的線索

Step 4 建構另一個可能的故事

Step 5 在新的故事裡，登錄證據以及加入聽眾

➕ 知識補充站

　　敘事治療將「問題」定義為「對個人的影響」，而非「個人本身」的問題，這就是把「人」與「問題」分開，這樣改變就變得可能。

4-16 **敘事治療（續二）**

3. 解構與重寫

敘事治療師認為已經歷過的故事可以賦予經驗意義，而當事人所選用的故事也決定了他／她是怎樣看自己的。大部分當事人可能受限於主流論述的影響，將自己定位為受害者或是無力的弱勢，敘事治療就是要協助當事人看見主流故事之外的「非主流」故事，然後將其強化、成為個人的主流故事。敘事治療運用「解構」的方式，讓當事人不再受到主流文化與論述的影響，擺脫了受文化限制與壓迫的主流故事（或是「浸潤在問題中」的故事），讓當事人有機會去探索某個情境或事件的其他不同面向，重新建構（重寫）一個屬於自己的、可能的其他故事（或身分）。

4. 治療地圖

治療有所謂的「地圖」（map），也就是可以遵循的方向。通常是當事人先仔細描述問題，也為問題「命名」，治療師指出故事中的線索（看到更多的可能性），然後依據這些可能的線索問一些問題、形成了所謂的「子計畫」（sub-plots），可以修正原先的故事、開啟改變的可能性（Payne, 2007）。治療師與當事人在敘事治療過程中，遵循著當事人想要的身分與方向，累積有力的證明故事（深度描繪）、慢慢將新身分堅固起來，也讓當事人看見了希望、可以繼續努力的路徑。

5. 治療文件（紀錄）

敘事治療師善用其他可以支持新故事或線索的證據與資料，也不時提供當事人這些可以保存或重新拿出來見證的素材，用來強化、鞏固與鋪陳當事人新的故事與身分。

治療師會將治療過程中的所有一切都記錄下來或收集起來，也鼓勵當事人這麼做，主要是因為這些紀錄或資料都是有關於當事人的想法、發現與成就。Epston 認為，書寫的文件或紀錄不會像對話一樣很快就消失，而且還可以在之後重複閱讀，而其影響也可以持續下去，也提醒當事人曾有過的經驗與領悟。

不管當事人的年紀與性別，若能善加運用文件或記錄，都可以對當事人未來面對挑戰或遭逢生命困厄時，重新回味自己曾有過的成功經驗或榮耀，對當事人來說，就是延續諮商療效的一種有效方式。在治療過程或是結束治療關係時，諮商師可以將自己觀察當事人的努力與進步（或諮商師從了解當事人，或是自其身上所學到的）書寫下來，交給當事人留存，許多當事人都會好好保存，也藉此提醒當事人有過的努力與輝煌成就。

6. 重新加入會員（re-membering）

治療師也會邀請與當事人相關的重要他人加入治療（可以是觀眾、目睹當事人的改變與受到的影響，或是其已過世的親友或重要人物，邀請他們「重新加入會員」，這些都可以是重要的「目擊證人」（external witnesses），讓當事人新的認同與身分，因為有人目睹作證而更為扎實、可靠（Payne, 2007）。

敘事治療的貢獻

請當事人開始一趟共同探索、尋求被問題所遮蔽的才藝與能力之旅，以「資源」或「優勢」為基礎的治療，可以提升希望、讓當事人更有動力去改變，治療是樂觀、正面的取向。

在敘述故事過程中，不只改變了當事人，也改變了聽故事的治療師。

敘事治療同時也注意到文化、社會與權力在當事人困境上所扮演的角色，涵括了許多多元諮商的優勢。

敘事取向提醒治療師態度與運用問題的能力是任何治療都可以借鏡的。

以書信紀錄方式來鼓勵當事人，這些書信都可以反覆閱讀，對當事人是很棒的一種支持與提醒。

 諮商師在敘事治療裡的角色

 共事者 (collaborator)：積極參與治療過程，也問一些必要的問題。

 與當事人的「敘事對話」是一種互動且合作的關係。

 治療師扮演決定敘事方向 (發展) 的重要角色。

 協助當事人重新檢視自己看事情的方式，也讓當事人可以從不同的角度來探看事物。

＋ 知識補充站

敘事治療過程很輕鬆、有目的，治療師採用「去中心」(de-centering) 的立場，也就是將治療視為「雙向」的過程，運用「撤退」(taking-back practice，在治療師意識到與當事人的對話影響到自己的生活時)、維持「透明可靠」(也要當事人留意到治療師本身能力的限制，諮商師不只會反思自我，也明確表達出自己的價值觀，同時也讓他人知道自己的生命經驗，不是站在「專家」的立場)。(Payne, 2007; Andersen, 2003)

4-17 敘事治療（續三）

四、敘事治療在兒童與青少年諮商中的運用

1. 故事的功能

我們都喜歡聽故事，也喜歡說自己的故事，兒童與青少年也是如此，敘事治療給他們有機會說自己的故事，而且是有力量、以他們為主角的故事，這樣的立意與做法就是對當事人最好的尊重與重視。以兒童及青少年為主角的故事，更可以讓其發揮想像與創作力，肯定自己的用心、看到可以努力的未來。個體自故事之中來塑造自己與生命意義，這些被強化的故事也是提點當事人的其他優勢。

2. 將問題與人分開

敘事治療師不會以「問題」為焦點，而是從問題去衍生解決方案與意義，這樣的治療是較有深度的，也讓人印象深刻。敘事治療刻意將「人」與「問題」分開的「外化問題」方式，可以讓當事人不受主流文化的壓迫，重新得力、且看見解決之道，這是一般傳統治療師無法做到的。想想看，一位被診斷為「強迫症」的學生，在諮商師嘴裡是「一直想洗手這件事對你的影響是什麼？」就不會讓當事人有受害、無法改變的無助感。

3. 治療文件與見證人

每一次諮商過後，當事人會更清楚自己的優勢，而諮商師細心觀察的紀錄或是送給當事人的證明及獎狀，這些文件可以長久保存，不僅讓當事人可以隨時回顧，也在生活遭遇困挫、感覺無希望或需要時，可以拿出來回味，因此而重新振作。在實際與兒童或青少年晤談過程中，若可以藉由「過來人」的同儕經驗來影響當事人（將其聘為「顧問」），也是很好的一種賦能方式；例如我曾經發顧問證書給一位曾輟學又復學的國三學生，在下一次碰到一位有類似經驗的學弟時，特別邀請這位顧問出席，由他與學弟分享自己的經驗與想法，結果這位顧問的說服力比我更佳！

4. 多元身分與故事

敘事治療看見個人的多重身分，也讓當事人看見自己其他重要的身分與能力，有些被社會輕忽的角色（或「身分」），也因此得以浮凸與重現。像是主流社會所讚許的「好學生」並不是每個人都辦得到，若不是「好學生」的當事人如何得到正面認同或肯定？敘事治療協助當事人看見自己的其他身分（如「照顧弟弟的好姊姊」、「為父母分攤重擔的好女兒」），對當事人來說是賦能而有力的，也重新塑造了對自己的看法與信心。

小博士解說

人類是「解釋」的動物，我們會將日常生活中所經歷的賦予意義，而我們對於自己的故事是將一些事件以特殊方式、透過時空加以連結，然後找到解釋的方式或是讓其有意義；然而我們所敘述的故事在許多情況下是受到文化或社會價值（「脈絡」）所影響的「主流」故事（dorminant stories），欠缺個人的主體性，也因此加重了「問題」的嚴重性。

敘事治療示例（五年級女生）

 常常洗手這件事是怎麼影響妳的？

我一直洗手、手很痛。

 所以妳聽到有聲音叫妳這麼做？

（點頭）

 是男的還是女的聲音？

男的。

 他怎麼說？

妳好髒。

 我們可以叫它「髒先生」還是什麼嗎？

「髒先生」好了。

 什麼時候「髒先生」最喜歡來鬧妳？

爸爸載我要回家的時候。

 所以妳一下車……

就趕快去洗手。

什麼時候「髒先生」會一直煩妳、但是妳不理它？

上音樂課、英文課的時候。

（臉上露出笑容）

 它拿妳一點辦法都沒有！

敘事治療師的態度或觀點是諮商過程的關鍵（Corey, 2009; Morgan, 2000; Nichols, 2010）

治療師保持「未知」（not-knowing）、好奇的立場。

尊重當事人是自己問題的專家。

以尊重、開放、合作的態度與當事人對談。

+ 知識補充站

由於當事人是專家，也是主動參與治療過程的重要人物，一般的敘事治療時間，通常較一般治療要長，一次治療不限於四、五十分鐘，有時甚至延長到一個半小時或更多，因此敘事治療不是一個短期治療。（Payne, 2007）

4-18 **焦點解決**

焦點解決治療

焦點解決短期諮商（Solution-focused brief therapy, SFBT）是 1980 年間由 Steve de Shazer（1940-2005）、Insoo Kim Berg（1934~2007）及同僚在 Milwaukee 的 Brief Family Therapy Center 所發展出來的。

一、主要觀點

1. 個體的個殊性。SFBT 相信每一位當事人都是特殊的，採用的治療方式也應該是「適合」此當事人的特殊方式。

2. 聚焦在「未來」與「解決之道」。治療師不需要去挖掘問題的起源或歷史，把焦點放在「解決之道」上，同時聚焦在「未來」，就是要當事人看到沒有問題困擾的未來，也鼓勵當事人尋思可能的解決之道。

3. 強調小改變。一點點的小改變，都可以引起漣漪效應、造成更大的改變（所謂的「牽一髮而動全身」，乃是「系統觀」的一部分）。

4. 當事人是專家。運用當事人帶來諮商場合的任何可用資源，強調當事人就是問題解決專家；把解決問題之鑰放在當事人身上，肯定當事人為問題所做的努力與嘗試；強調使用當事人所用的語言，也是尊重當事人的一種做法。

5. 無效的方式就不要繼續使用。當事人也思考過解決的方法，然而有些方法即便無效、當事人還是繼續使用，因此應該要尋思其他方式、達成有效結果。

二、治療目標

焦點解決諮商的目標是協助當事人過更平衡的生活，對於未來所關切的議題有更多的資源可以運用。目標有：改變對於問題的作為，改變對問題的看法，以及找出資源、解決之道與優勢

（O' Hanlon & Weiner-Davis, 1989, cited in Seligman, 2006, p.417）。

三、治療技術

SFBT 的許多技巧會讓人誤解是只有不同的「問法」，但是要謹記 SFBT 的諮商師重視語言的功能、創意的發揮與優勢的立場。焦點解決所運用的技巧許多是承自「敘事治療」而來，像是「評量問句」、「例外問題」、「奇蹟式問題」等。強調諮商師正向、和善的焦點解決態度，主要技術如下（de Shazer et al., 2007, pp.4~13）：

1. 找尋過去的解決方式。一般人在遭遇問題或困難時，都會想辦法解決，只是解決程度不如預期，但是這並無損於當事人的能力，同時治療師也可以從中了解當事人已試過哪些方式、成功機率如何、有沒有可以加以改善的？

2. 找尋例外（Looking for exceptions）。SFBT 的治療師認為聚焦在「負面」會讓系統停滯、改變更困難，因此著重在優勢與資源上，更可能引發有利的改變。問問題，而不是指導或詮釋。

3. 聚焦在「當下」與「未來」的問題導向。不同於傳統治療裡的聚焦在過去，不能改變的情況。

4. 讚美。「讚美」是焦點解決諮商裡非常重要的一環，讚美不僅傳達了治療師全程仔細聆聽的專注與尊重，也很關切當事人。

5. 治療前的改變（pre-session change）。特別是運用「解決談話」（solution-talk）。通常當事人在打電話預約諮商時段、到真正見到治療師之前，其問題大多有一些改善，這也是「解決談話」的開始（O' Connell, 2007）。

焦點解決諮商受到Milton Erickson實作觀點的啟示
（Murphy, 1997, pp.31~32）

「沒有一般的當事人，也沒有一般的理論」

也就是每一位當事人都是特殊的，採用的治療方式也應該是「適合」此當事人的特殊方式，這頗符合「因材施教」的教育理念。

時間效率

不需要去挖掘問題的起源或歷史，把焦點放在「解決之道」上。

聚焦在未來

Erickson 的「水晶球」（crystal ball）問法，就是要當事人看到沒有問題困擾的未來，也鼓勵當事人尋思可能的解決之道；檢討過去雖然有助於對問題的了解，但也容易讓人陷入失望之境，如果展望未來，可以讓當事人覺得事情有可以改善的希望、較願意努力。

強調小改變

只要是朝向當事人可欲方向的小小改變，都可以引起漣漪效應，造成更大改變；具體而复遠的目標那麼不可及，可以激勵當事人願意投注心力去努力，也體會到目標其實是可見，也可能達成的。

實用性

將當事人視為自己問題的專家，肯定當事人為了解決問題做過努力，也運用當事人可能的資源，會讓當事人對自己具有信心，也在解決問題過程中習得能力。

強調使用當事人所用的語言

就是同理當事人對於問題的看法、可以藉此了解當事人的內在架構，也傳達對當事人的尊重，當然也為建立良好諮商關係鋪路。

 焦點解決的基本理念（Connie, 2009; de Shazer, Dolan, Korman, Trepper, McCollum, & Berg, 2007, pp.1~3）

- 如果有效，就做更多。
- 如果沒壞，就不必修理。
- 解決之道不需要與問題有直接關聯。
- 沒有問題會一直存在，總是有例外的時候。
- 如果無效，就採取不同行動。
- 小步驟可以造成大改變。
- 未來是可以創造與妥協的。
- 解決語言的發展不同於問題描述。

4-19 焦點解決（續一）

6. 奇蹟式問句（miracle questions）。運用奇蹟式問句通常可以讓諮商師看見當事人關切議題的潛在解決方式（Seligman, 2006, p.419），或是描述他／她想要從治療中獲得什麼（Duncan, Miller, & Sparks, 2003）？如「如果有一天你醒來，發現問題不見了，你會看到什麼？」

7. 評量問句（scaling questions）。聚焦在過去的解決方式與例外情況，並點出新的改變。評量問句可用在評估進度、建立信心與動機、設定小而可辨認的目標，以及發展策略上（O' Connell, 2007, p.392）。通常是以 1 到 10 或 0 到 10（最差到最好）的方式來詢問，可以知道當事人所欲完成的目標、達成的程度，以及可以繼續努力的方向。

8. 建構解決之道與例外。治療師聚焦在進步的情況與解決之道上，不同於傳統治療師只注意到問題原因與問題持續的情況。

9. 因應問句（coping questions）。如果情況沒有改善，治療師會將焦點放在當事人的優點與力量上，如：「你（妳）怎麼做讓它不變得更糟的？」

10.「有沒有什麼我忘了問的？」在「暫停」與商議家庭作業之前，治療師通常會問這麼一句，以免漏失掉一些重要訊息、同時關切當事人的可能需求或之前沒有機會說出口的話。

11.「暫停」，也就是休息一下然後再晤談。這個「暫停」的動作可以讓當事人回想今天諮商過程中的一切，也讓治療師有機會去思考創意又有效的家庭作業。諮商師接下來要做的有：讚賞當事人、連結的陳述（bridging statement，任何可以增加當事人的動力去實驗新想法、增加解決問題可能性的說明），以及家庭作業的建議（Berg & Steiner, 2003, pp.27~28）。

12. 實驗與家庭作業。「實驗」是讓當事人有機會去嘗試不一樣的，或沒試過的，減少其防衛心與害怕；家庭作業也是讓改變可以持續的重要媒介。家庭作業主要有：有效的方式就持續進行，若無效的、就做不一樣的（Berg & Steiner, 2003, p.28）。

13.「所以，自從上次我們碰面之後，事情有沒有變好一點？」這是每一回治療師都會問的話，不管當事人的答案如何（一樣、更差了，或變好一點），都可以提供治療師許多有效的線索，與當事人一起朝向問題解決的方向前進。

14.「總結訊息」（summation message）。諮商師在每一次諮商結束前，都會花個幾分鐘反思此次面談的詢問／回應模式，包括治療師聽到或了解當事人的處境、詢問當事人前項是否正確，以及從不同角度解讀訊息或給予建議（Lipchik, 2002, pp.108~109）。

15. 建議。通常用在一次諮商晤談結束前，可以與前面的「實驗與家庭作業」並列。建議依不同當事人而做修正，也根據在晤談過程所收集的資訊做邏輯思考，了解當事人是誰、所要為何？然後運用這些資訊去想像何種經驗可以造成不同（Lipchik, 2002, p.114）？

16. 巡迴問句（circular question）或是「關係問句」。就是以當事人相關人士的觀點來詢問當事人，可以讓當事人站在他人的立場來思考或感受，是一種藉由「關係」來問的問句，像是：「如果你／妳有一次不發脾氣了，太太／先生可能會有什麼想法？」

焦點解決諮商的幾個關鍵要點（Connie, 2009, pp.14~16）

1 使用「讓我們想像」（suppose）的句子，而不是用「問題」導向的句子

2 當事人是專家　**3** 治療師不做「假設」（hypothesize）、以為自己懂

4 在尋找當事人想要的未來與例外情況的細節時，要能夠堅持下去

5 步調要慢　**6** 維持一種尊敬與好奇的態度

7 談到當事人想要的未來時，使用推測的語言（presuppositional language）

8 保持簡單　**9** 使用「暫時性」的語言

資料來源：Berg & Steiner, 2003, p.67

 解決的談話（solution talk）類型（Metcalf, 2009, p.29）

未來導向的問題 （future-focused questions）	像是「如果妳今晚睡著後，妳所擔心的問題都消失不見了，當妳睜開眼醒來，妳第一個會發現什麼？」
尋找例外的問題 （exception-finding questions）	像是「你生活中最快樂的那一段是？」
評量問題 （assessment questions）	像是「從一到十，表示妳的情況從最差到最好，妳目前的情況是在哪個位置？」也可以讓當事人「具體」看見想要發生的下一步為何？讓改變更容易發生。
歸因問題 （attribution questions） **or** 因應問題 （coping questions）	像是「即使遭遇到這麼多挫折，你是怎麼撐到現在的？」

註：針對「解決」來做對話，自然不會受困於「問題」，拓展了當事人問題解決的創意與潛能。

＋ 知識補充站

　　焦點解決治療師的目標是要尋求問題解決之道，因此不太花時間讓當事人去敘述問題。治療師會先從當事人曾有過的解決方式開始，也尋求「例外」，讓當事人重溫自己的成功經驗（與能力），以「奇蹟式問句」協助當事人訂立目標，也看見改變後的希望，以「評量問句」讓當事人可以看見自己的進步與進一步目標，而用「因應問句」協助當事人重振精神、願意持續努力。

4-20 焦點解決（續二）

四、焦點解決在兒童與青少年 諮商中的應用

1. 將兒童視為其問題之專家。不將當事人視為無能或無知。將兒童當成專家，也就是指兒童了解自己的問題，也曾嘗試過去解決，可能是解決方式無效，因此輔導老師可以與兒童一起去發掘哪些使用過後有效的方式、可以繼續保留與嘗試，倘若無效，再一起思考商量可以採行的方法。

2. 善用兒童擁有的資源。兒童的資源包括他／的優勢與可能的支持系統，因此要將兒童的家人或朋友也納進來，讓他們參與協助過程，也可以「見識（證）」或目睹兒童的改變。像是可以問兒童：「如果你／妳懂得跟朋友好好相處了，誰會最先發現這些改變？」或許兒童認為周遭許多人只看到他／她表現不好的部分，也可以請見證過兒童良好行為的相關重要他人（也許是幼稚園老師或奶奶）來做證人，敘述他們看到兒童的優點故事，這也是「敘事治療」的一種技巧。

了解兒童的偶像或是喜歡的電腦遊戲人物，可以詢問其偶像會希望他／她如何（如：「如果你／妳的偶像在這裡，他／她會怎麼該跟你／妳說？」），或者是某電腦遊戲人物的優勢為何？如果兒童是那些人物，他／她會如何善用這些優勢？

3. 尋找例外。即便兒童或青少年目前的表現不孚眾望，但是一定都曾有過良好的表現或成功經驗，因此提醒當事人有過的光榮時刻（或能力），或是沒有問題的情況，對當事人來說，都是一種鼓勵與希望。

4. 無效的方法就不要繼續使用。很多時候兒童因為缺乏經驗或是不知道解決問題的有效方法，所以一直採用了無效的策略。像是想要引人注意的兒童，只用打架來獲得注意，卻換來不好的結果。也許可以讓兒童試試不同的方式，或許是幫助同學，同時也請老師留意兒童正向的行為、予以嘉獎，兒童發現結果與之前的不一樣——獲得老師的注意，而且得到讚許——可能就會更常出現這樣的助人行為。

5. 小改變可以促成大改變。只要有一個行動開始，就可以產生漣漪效應。兒童有時候不願意有所行動，因為「不做不錯」，或是擔心結果不如預期，只要輔導教師可以說服其做一個小小動作，或只是觀察也好，就開啟了改變的可能性。像是請兒童觀察人緣好的某位同學下課時都做些什麼？兒童也許就可以觀察到與人互動的技巧或方式，自己也願意去慢慢練習或效仿，而改善了與同儕的關係。

6. 重新架構技巧。換個角度來看問題或事件，或是以正向的觀點來重新形塑事件，這也是焦點解決用來找當事人優勢的好方法。像是學生說謊，諮商師可以說：「你知道要怎麼樣保護自己，讓自己不受傷害。有沒有一種情況，你可以說真話，也可以保護自己呢？」有時候不要只是看重結果，而是去注意過程，也會讓當事人有不同的領悟，像是：「雖然這一次沒有得到你想要的名次，但是從你一路這麼跑下來、卻不肯放棄的情況看來，你是一個會堅持下去的人，我很佩服！」

焦點解決治療的特色

（Reid, 2011, p.131）

- 視自我與他人是有能力的
- 接受當事人定義的問題
- 治療同盟的形成
- 肯定當事人的成功經驗
- 治療師從當事人身上學習
- 避免與當事人做權力鬥爭
- 客觀（不「個人化」）看待當事人的行為

 「問題導向」與「焦點解決」的比較（Reid, 2011, p.132）

問題導向	焦點解決
從問題開始	導向解決方向
過去	
原因	多元描述
	「如何」的問題
發生了什麼事	你想要什麼
頓悟／治癒／成長	
深度	表面
	合作取向
哪裡錯了	
當事人從諮商師那裡學習	諮商師從當事人那裡學習
長期且痛苦的	
	解決方案適合當事人
專家的語言	
抗拒	合作

 焦點解決治療過程（Reid, 2011, pp.133~134）

訂契約、並指出當事人想要優先處理的議題

無問題的談話
（建立合作關係，也開始看見當事人的優勢與資源）

解釋與探索改變的主題

設定工作目標

繼續指出改變以及找尋「新」的不同的方式

增強與放大所做的改變以及改變的效果

增強前往目標的改變

指出其他的改變
（使用尊重的好奇心）

4-21 家族治療

家族（庭）治療取向

一般輔導教師與諮商師的訓練裡較缺乏這一塊，然而在實務工作時，卻發現其重要性。專輔教師在接觸兒童與青少年族群時，要時時刻刻提醒自己：許多孩子的行為問題不在孩子本身，通常孩子只是呈現家庭或社區問題的徵象而已，因此要將眼光放大、放遠，從孩子所處的環境與脈絡去進行了解（生態系統觀），可以較容易發現問題的源頭、可以運用的資源，以及有效的處置方式。

沒有一個問題是單一的原因造成，很多時候是許多因素糾結所釀成。家庭需要維持其平衡，因此只要有新的資訊或情況出現，就會經過一些震盪與調整，以恢復之前的狀態，這是「系統觀」的理念。兒童年紀小受到環境的影響大，特別是家庭的影響力，也因為自己能力不足、卻又身為家庭的一分子，倘若家中出現問題（如父母爭吵），兒童會認為自己「應該」出點力、協助解決，然而他們可能嘗試某些行為（如在學校打架），卻意外發現結果不錯（彼此爭吵的父母親一起前來關心），他／她可能就誤以為自己替家庭解決了問題，於是就繼續使用，殊不知這樣可能只是轉移了注意力，真正的問題還是沒有解決，這裡的兒童只是家庭問題的「代罪羔羊」（或「被認定病人」，identified patient, or IP）而已，除非真正的家庭問題獲得解決，要不然兒童就會持續這樣的「生病」行為。

一、主要觀點

1. 生態系統觀

家庭不能自外於周遭的環境（鄰里、社區、學校、社會、國家與世界），況且現在科技進步、天涯咫尺，像是最近的伊波拉病毒、超級細菌，已經造成人心惶惶，深怕這會是潛在的二十一世紀黑死病。幾年前全球經濟景況不佳，造成許多國家破產、許多人失去工作，臺灣甚至有多起男主人帶領全家自殺案件，個人的工作與全球經濟情況息息相關可見一斑。

家庭也在這樣的大系統之中，因此有時候輔導教師面對兒童，也要將這些大脈絡的變數考量在內。許多孩童因為家長工作關係，不是常搬家、無法交到朋友，就是家長無業或被資遣在家，孩童反而成為家長情緒的出氣筒，導致家暴的產生。而「家庭暴力」往往是持續最久、最難被發現的，一旦發現可能非死即傷！「家暴」是「控制」與「權力」的問題，牽涉到傳統的性別關係與位階。遭受或目睹家暴的孩子，男性容易淪為「加害者」、女性容易成為未來的「受害者」，而暴力也會因為模仿而傳承下去，影響其一生。

2. 系統觀

家族治療師之所以喜歡「系統觀」，主要是見到當事人無力去控制家庭中發生的狀況，常常淪為受害者。「系統觀」強調「牽一髮而動全身」（與「焦點解決」的「小改變促成大改變」相同）的「漣漪效應」，因此只要家中有人發生問題，不一定是個人的因素，而是需要將整個家庭系統納入考量，同樣的，若家中有一位成員發生問題，只要有其他家人參與治療，就有機會將所學或是有效的方法帶回家執行、促成改變，而這樣的改變也會牽動其他人的改變。

家族治療師認為孩子出現問題或徵狀的可能原因（Corey, 2009, p.412）

為了家庭而有其
功能與目的

家庭不小心讓這個
徵狀持續下來

家庭無法
有效運作，
特別是在
轉換期時發生

可能是世代傳承
下來的
「失功能」模式

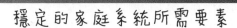

穩定的家庭系統所需要素

（Becvar & Becvar, 1998, 引自 Taylor, p.9, 2004/2007）

- 能夠改變或有彈性。

- 家庭如同個人，也會經歷發展階段，因此也有一些危機需要處理。

- 家庭要同時是開放與閉鎖的系統，才可以有效管控。

- 家庭成員應被視為獨立的個體，但同時也需要歸屬感。

- 溝通就是回饋。訊息的交換可以維持系統的能量。

- 由許多次系統所組成，也要靠彼此間的互補與支持。

＋ 知識補充站

　　許多家族治療師已經不將「抗拒改變」當作議題，因為這是人情之常（人有安全、穩定的需求，因而不想改變），反而是將抗拒視為具有「保護」的功能，同時也提醒家族治療師要注意性別議題與文化脈絡，不要輕忽性別可能涉及家庭權力與位階的問題，而文化的潛隱影響力是一直存在的。（Nichols, 2010, pp.103~109）

4-22 家族治療（續一）

3. 界限與結構

每一種關係之間都有一條隱形（或是心理）的界限，就像是個人的房間只允許哪些人進入（或像是狗狗尿尿占地盤一樣）。彼此之間即使再親密，也都有其界限，而這個界限的彈性則是由互相所認定的關係來決定，是很主觀的。中國家庭一般情況下是母親與子女關係較親，也就是說界限較為彈性（或謂「可滲透性較高」），而子女與父親之間的界限就較為僵化（或謂「可滲透性較低」）。界限的兩個極端是「僵化」與「糾結」，前者指人與人間界限清楚分明，可以維持個人的獨立性，但是卻犧牲了彼此的親密，後者指人與人間的界限模糊，雖然保持了親密、卻犧牲掉了個人的獨立性，一般的家庭都介於兩者之間。

家人之間的關係界限不清楚或是僵化，也會讓孩童無所適從，產生可能的問題行為。像是父母親常常爭吵的家庭，家長會刻意拉攏某個孩子（可能形成「三角關係」），以對抗另一方，這就是親子之間界限模糊；或者有孩子認為父母親不愛他／她（界限太僵化），也可能向外尋求關注。不少父母親將自身的婚姻問題與孩子分享，孩子會覺得無法同時對雙親忠誠，同時孩子也沒有處理雙親問題的能力，因而倍感焦慮。

「界限」也可以指家庭與外面世界的關係。開放系統（open system）是持續與外在環境互動的，會因刺激而反應，也會主動創造改變，這也說明了家庭系統需要持續不斷變化與做調整，健康的家庭系統不僅維持平衡，也尋求改變的必要性；倘若家庭是一個閉鎖系統（closed system），拒絕任何新資訊的流入或做適當改變，最後可能淪為滅絕，然而若是全然開放，也會一團混亂。因此，一般家庭都是介於以上兩個極端之間。

結構是看不見的一套功能，是家庭經過長時間的發展而成，其目的是要求與組織家庭成員互動的方式，或是家人一致、重複、有組織、可預測的行為模式。「家庭結構」指的是家庭次系統的組成方式，以及受到界限規範的次系統間的互動如何。

4. 次系統

既然家庭是一個系統，其下自然有不同的「次系統」（subsystems，如夫妻、親子、手足）。「次系統」是整個系統的一部分，可以在系統內執行特殊功能與過程，以維持系統的整體性；次系統間也會彼此影響，而每一個家庭成員都分屬不同的次系統，這些次系統可能是依其在家庭內不同代間、性別、興趣、角色或功能而組成，如果任何一個次系統失功能，就會引發整個家庭系統的反應。次系統之間要有適當的界限，可以用來維持次系統間的聯繫與保持系統的獨立。

小博士解說

家庭有生命週期（家庭成形、小孩幼年時、學齡孩子、青少年孩子、成年孩子、家人生病或是失業等生命事件發生時），所以要發展不同的新功能來因應不同發展階段的變化（Mitrani & Perez, 2003）。

不同界限圖示

僵固　　　　**糾結（或融合）**　　　　**彈性**

 案例解析

案例

　　小圓的專輔老師很擔心小圓家庭的狀況，她說小圓一家十幾口人，但是都睡在同一房間的一個通鋪上，小圓已經四年級了，身體開始發育，她很擔心小圓會成為家庭內性侵害的潛在對象，因為專輔老師在同一社區已經接觸過幾樁類似案例。一旦發生家庭內亂倫事件，不僅毀了孩子的一生，一個家庭也毀了！但是專輔老師勸過小圓的父母親，希望他們可以讓小圓與同性別的姊姊們另外睡一間，或是家裡做隔間，但是父母親卻認為專輔老師撈過界、想太多！

解析

　　專輔老師不要獨力承擔，儘量先去找可用的資源或商量的對象。專輔導師可以先與附近的學諮中心主任或社工請教，有沒有其他辦法可協助小圓目前的情況？也與校長商議，有無資源（如小圓家長之親人或當地的可靠人士）可協助出面，建議家長「暫時」解決住宿的問題，再則是家長的約束與控制（親職教育），還有經濟問題（家庭無多餘空間）也要解決。若可以得到該部落或村里長的協助，有適當的扶助與安置，或許可以舒緩家庭壓力。

＋ 知識補充站

　　家庭中出現最大的問題還是「溝通」。如何兼顧互賴與自主、親密與獨立、誠實與關切等，也是家庭治療採用溝通學派觀點的主要因素。

4-23 **家族治療（續二）**

5. 平衡

家庭都是一個系統，有自我調節（self-regulation）的功能，即便在一個家庭裡，也不是只看見所有成員而已，還包括個人的經驗、彼此之間的關係，即使是個人的心理問題，也是在與人互動中呈現出來，因此只要系統中任何一個環節出問題，都會影響整個系統的運作。系統會發揮「平衡」（homeostasis）的功能，讓系統回復到之前的狀態，就像家人間的互動會依循一些慣例或規範，其目的就是要維持可預測的穩定狀態。系統觀強調家庭有「平衡」的傾向與功能，同時也意味著家庭會抗拒改變。

6. 三角關係

一旦家中有兩人衝突、卻又無法解決時，就很自然會將第三者拉進來、以減少壓力，形成所謂的「三角關係」（triangle），以穩定家庭關係或權力。「三角關係」不一定是壞的，有問題的是將「三角關係」變成一種習慣，因此毀損了彼此原來的關係，問題也沒有獲得解決。

家庭中有人覺得自己的力量小、常居於劣勢，於是就會找另一位家人來對抗有力量的另一方。像是母親如果認為自己影響力小、父親總是主導，因此吵架時就會拉大女兒一起對抗父親（「妳看妳爸是怎麼對我的！」），形成一種類似的權力平衡，久而久之，就形成一種關係的連結（稱之為「同盟」）。大女兒是孩子輩，不應該主／被動介入雙親的戰爭之中，這不僅踰越了親子關係的界限，也讓大女兒受到「忠誠度」的拉扯（不知道該向著母親還是父親），而且也無法真正解決問題（夫妻之衝突）。

三、治療技術

1. 家族圖的使用

家族圖（genogram）可以用來協助諮商師與當事人了解其原生家庭與目前立即家庭之間的關係與異同。由於目前臺灣還是男權至上的社會，父親的原生家庭影響力較大（當然也有例外的），因此在繪製家族圖時，通常回溯至父親這邊的祖父母。一般的家族圖是看三代間的關係（如右頁圖）。

2. 加入與了解

家族治療師基本上較為主動，也具權威性，除了積極加入家庭、了解家人互動情況外，有時還會故意偏袒（side with）某人，企圖鬆動家庭原來的互動模式。

3. 處置方式各有不同、視目的而定

家族治療視其學派或目的不同（將家庭做基本系統的改變，或改善其中某位成員的徵狀），除了使用一般諮商技巧外，也研發許多具創意的介入方式，像是開立處方的「矛盾意象法」、「苦刑治療」，或是別具一格的「家庭作業」等，都是常用的技巧。

小博士解說

策略家族治療學者認為問題發展主要是：1. 不適當的解決方式形成「正向回饋圈」，讓困難變成慢性問題；2. 問題出於不一致、不相合的位階；3. 問題的出現是因家人試圖在暗地裡保護或控制另一人，因此徵狀或問題是有其功能的。（Haley & Richeport-Haley, 2007, cited in Nochols, 2010, p.147）

家庭圖示例

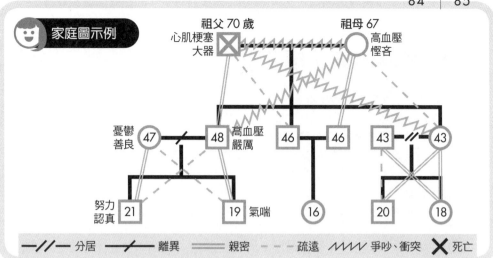

祖父 70 歲
心肌梗塞
大器

祖母 67
高血壓
慳吝

憂鬱
善良 47 — 48 高血壓 46 46 43 —//— 43
嚴厲

努力
認真 21 19 氣喘 16 20 18

—//— 分居　　—/— 離異　　═══ 親密　　- - - 疏遠　　∿∿∿ 爭吵、衝突　　✕ 死亡

主要的家族治療學派與其觀點

家族治療學派	主要觀點
經驗家族治療	• 奠基於人本取向的立論。 • 相信人有選擇的自由、是自我決定的。 • 治療師聚焦在當下（此時此刻）。 • 留意家中個別成員的主觀需求與情感經驗，同時也催化家庭過程。 • 聚焦在家庭中個體的個別性，同時讓家人彼此可以更有效溝通。
結構家族治療	• 家庭是一系統，其下有不同的「次系統」（如配偶、親子、手足等），這些次系統間有其權力位階。 • 運用「家庭圖」（geometric map）來看每個人的行為與其全家族結構及關係，每位家庭成員的行為影響家庭中其他人的行為，也受其影響。 • 個人的問題植基於家庭互動模式。
策略家族治療	• 治療師研發不同策略，減輕當事人的症狀或是問題。 • 聚焦在當下、認為當前的問題是家中成員持續重複的行為而產生的。 • 「徵狀」就代表問題的一種解決方式（生病或出現問題的人並不是「非自願性的受害者」）。

「三角關係」圖示例

妻與子為
「同盟」關係

✚ 知識補充站

　「苦刑治療」（ordeal therapy）通常會要求家庭成員一起來做，其目的是要讓出現的徵狀本身更麻煩，甚至不值得持續下去，同時建立父母親應有的權力位階（如為了治療孩子尿床問題，要雙親在孩子一般上床時間呵護其就寢，並將鬧鐘設在午夜十二時，到時間再去叫醒孩子上廁所，如此持續幾天）。

4-24 家族治療（續三）

四、家族治療在兒童與青少年 諮商中的應用

孩子通常是家裡最無力的弱勢，因此許多孩子會成為家庭問題的代罪羔羊，所以要解決真正的問題還是要讓父母親或其他重要他人出席，讓他們看到孩子的情況。我國雖然家人關係緊密，家長常常礙於「面子」或「家醜」的問題，不願意承認問題的存在，甚至會認為只是學校老師多事！有時候即便孩子已經產生極為嚴重的問題（例如「強迫症」），父母親卻還是堅持己見、不願意出席，也許承認自己有錯是很難的，只是因此卻讓孩子受罪，真是於心何忍？諮商師碰到這樣的情況也極為頭痛，退而求其次的方式就是邀請家長出席，以諮詢者的方式提供意見。

青少年與家人之間的關係最常出現的問題為：（1）被動——攻擊、低成就（對父母親未能直接表達的敵意、害怕失敗，而以被動攻擊方式因應）；（2）獨立自主的掙扎（想要表現獨立成熟，卻又得仰賴父母）；（3）過度保護（父母親凡事代勞或是為孩子挺身而出，導致孩子的無能感）（Micucci, 1998, pp.236~237）。可看出其問題並不是個體自身所產生，而是受到所處脈絡或環境的影響、加上自身的發展任務使然。

也因為孩子通常是家庭問題的「代罪羔羊」，不是問題本身，因此輔導教師或諮商師真正要解決根本的問題，還是需要追本溯源、協助家庭處理問題，這樣子才能真正解決出現在孩子身上的困擾或偏差行為。

家族治療的理論還給了治療師一項很有趣的思考：不要哪壺不開提哪壺。兒童或青少年被轉介來見諮商師時，心理上其實已經有一些假設（像是認為自己已經是「不好的」或「有嚴重問題的」，認為諮商師跟其他成人一樣要對自己說教或指責），倘若諮商師真如其所願地表現了這些預期的行為，對於了解當事人的感受與想法、問題的解決可能於事無補。諮商師的角色不是以「達成轉介人的目標」為依歸，而是需要多從當事人的角度來感受與思考，進一步解決問題，或改變現狀，因此建議諮商師或輔導老師還是留意自己的位置與專業角色，不要重蹈前人腳步、成為「另一位」譴責者。

諮商師帶著系統觀的思考，會願意去了解當事人所遭遇的情況、貼近當事人，著力於治療關係的經營上，看見當事人的優勢，或許在當事人被了解與認可的同時，他／她的行為與態度已經開始改變，也有意願去解決目前的困境。

小博士解說

國人的家庭關係親密，較常有過度融合（糾結）的情況發生，尤其是我國傳統上認為個人與家族是一體的，個人之榮辱與家族之榮辱共生共滅，雖然也是約束個人行為的社會規範，但似乎讓個人與其家族無法做適當切割，有時是不可承受之重。

家族治療的起源

人物／學派	觀點
佛洛依德	注重「記憶中的家庭」(family-as-remembered)
團體動力	只是家庭成員的關係與複雜度較之團體更深，而且有共同的歷史與未來。
角色理論	家庭成員的角色基本上是互惠、互補的。
社會工作	社會工作就是將人視為在環境中的個體（person-in-the-environment），較之系統觀更早將「生態」的觀念帶進來。
Gregory Bateson	★從「神經機械學」(cybernetics)（研究系統內回饋控制的方法，以維持與調節系統內平衡的機制）那裡借用了「回饋」(feedback) 觀念來說明家庭用來規範或調節家庭成員的行為，以維持其平衡。 ★發現系統理論最適合用來描述家庭為一「單元」(unit) 的功能，也注意到家庭角色間的功能可以是互補（或是對等的），也就是彼此的關係是互動的，而非固定的。 ★發現所有的溝通都有兩種功能或層次，其一是「報告」(report，是指訊息所傳達的「內容」)，另一種是「命令」(demand，指報告是如何被接收解讀的、對話者的彼此關係是如何)，第二種訊息也可以稱之為「後設溝通」(metacommunication)，是隱而不顯、常被忽略的。
溝通治療	★任何行為都是溝通，而所有的訊息也都含有「報告」(要傳達的訊息) 與「命令」(定義彼此的關係) 的成分。 ★溝通模式分析互動是「循環式」的因果關係。 ★家中成員所表現出來的徵狀或是問題，是為了要維持家庭的平衡，有徵狀的家庭就是陷在失功能的溝通模式裡。 ★溝通治療師是以改變家人不良互動的模式為目的，聚焦在「過程」而非「內容」。
Murray Bowen	★其家庭系統治療 (Bowen family system therapy) 領域影響深遠。 ★「三角關係」(triangle) ★代間傳承 ★家族譜 ★自我分化 ★人類關係受兩種驅力：個別化 (individuality) 與共聚性 (togetherness) 的平衡所影響。
Nathan Ackerman	發現病人可以成為家庭問題的「代罪羔羊」(scapegoat)。
Don Jackson	提出「家庭平衡」(family homeostasis) 的觀念，強調家庭是一個會抗拒改變的單位。
Ivan Boszormenyi-Nagy	將倫理責任（注意到家庭成員對於家庭貢獻與公平性的看法）放入治療目標與技巧裡。

4-25 遊戲治療

遊戲治療

一、主要觀點

遊戲是兒童表達自我的媒介，是兒童的象徵語言，藉由遊戲可讓他們表達自我及情緒、與體驗的經驗，甚至做自我療癒，遊戲也是兒童成長與發展的必需。遊戲是兒童發展過程中社會化的環節之一，藉遊戲來認識世界、體驗生活，也學習未來進入社會的準備。

美國遊戲治療協會將遊戲治療定義為「系統化地使用理論模式來建立人際互動的過程，在此過程中，受過訓練的遊戲治療師使用遊戲治療的力量，來幫助當事人預防或解決心理社會的問題，並且達到最佳的成長與發展。」（Henderson & Thompson, 2015/2015, p.17-3）遊戲治療依照不同理論有不同做法，基本上許多諮商師與輔導教師若未受過遊戲治療的專業訓練，不能執行遊戲治療之實務，較常使用以遊戲為媒介做治療，也就是以遊戲方式與當事人建立關係，或是以遊戲方式達成資訊收集的目的，而不是以治療為目的。

為何以遊戲為媒介？主要是因為許多孩子與青少年不喜歡直接與權威人士或成人面對面說話，遊戲可以讓他們的焦慮鬆懈下來，也增加趣味性，孩子手上若是可以玩弄一些事物，也比較容易對諮商師或輔導教師的問題做回應。一般說來，我們對於男性女性的社會化不同，我們鼓勵女性多說話、多表達，對男性則是不鼓勵言語表達，也較允許男性沉默，因此在諮商或輔導過程中，當事人若是女性，也許坐下來談話比較容易，

然而若當事人為男性，在許多情況下直接面對面說話會讓他們覺得不自在，所以透過遊戲或活動，可以讓當事人更容易開口，也減少焦慮。

遊戲治療可以克服兒童的抗拒，協助溝通，滿足兒童探索及掌控的需求，建立自尊與能力，鼓勵兒童能夠有創造性思考、解決問題，也可宣洩情緒，發洩與釋放一些負向經驗與感受。角色扮演學習新的行為以及發展對他人的同理心，用想像力去理解痛苦的現實，以遊戲來實驗改變的可能性，在遊戲中形成隱喻、學習如何面對自己的矛盾與害怕、從不同的觀點看事情，與諮商師形成正向依附關係、學習去增進與他人的連結，促進人際關係技巧，享受遊戲樂趣、擁有正向情緒，征服發展過程中的恐懼，而競賽式的遊戲可以幫助其社會化和發展自我強度（Henderson & Thompson, 2015/2015, p.5-19, p.17-4）。

選擇遊戲媒材的標準首先是能引起興趣、幫助兒童表現創造力，可以促進諮商師與兒童的關係，能鼓勵兒童表達想法及情感，使用起來無特定規則和傳統，堅固、不易壞，能協助治療師洞察兒童世界，提供兒童試驗真實生活的機會，提供兒童一種能被接納的方式去表達不被接受的想法及情緒（Landreth, 2002, cited in Henderson & Thompson, 2015/2015, p.17-14）。使用遊戲的種類繁多，像是想像、說故事、戲劇、音樂、藝術、玩偶等方式，都可以做適當的使用與介入（Henderson & Thompson, 2015/2015）。

遊戲的重要性（Henderson & Thompson, 2015/2015, p.17-1）

是有趣、愉快的活動

自由的選擇、沒有束縛

可以提升靈性並活絡思考

鼓勵探索

是一種學習和成長的方式

提高自我感

增進與人的互動

調整情緒

刺激創造性思考

對兒童具有獨特意義

釋放壓力、排遣寂寞

喚起自我表達、自我知識、自我實現和自我效能

遊戲治療目標

（Kottman, 2001, p.114, cited in Henderson & Thompson, 2015/2015, p.17-3）

- 增加自我接納、自信和自我信賴
- 給予機會去練習控制和負責
- 促進關於自我和他人的學習
- 探索對問題和關係的另一種觀點
- 探索與表達情感
- 學習和練習問題解決及人際關係技巧
- 鼓勵做出好決定
- 增加情緒字彙和情緒概念

✚ 知識補充站

遊戲的四種目的：是兒童和環境接觸的方法，幫助兒童在意識和情緒經驗之間搭起橋梁，遊戲對兒童而言是情緒生活的外顯表現，遊戲也讓兒童放鬆和娛樂。（Lowenfeld, 1935.1991, cited in Henderson & Thompson, 2015/2015, p.17-23）

4-26 遊戲治療（續一）

一、主要觀點（續）

並不是所有的兒童都適合接受遊戲治療。一般說來，若兒童能夠忍受／建立／運用與成人的關係，能夠忍受／接納一個保護的環境，能夠學習新的因應技巧，獲得新的領悟、具有嘗試動機的潛能，而其注意力和認知結構可以參與遊戲治療，符合這些條件的兒童才適合做遊戲治療（Anderson & Richards, 1995, cited in Henderson & Thompson, 2015/2015, p.17-7）。

有效的遊戲治療師必須接受適當的專業訓練、了解兒童發展階段與任務，欣賞孩子、以尊重禮貌的方式對待，具幽默感懂得自嘲，開朗及喜歡樂趣，自信、獨立、自主、開放、誠實，願意接納，願意使用遊戲和隱喻的方式做溝通工具，有彈性且有能力處理模糊狀態，和兒童互動時感到自在舒坦，有能力設定限制及維持個人界限，以及自我覺察能力（Kottman, 2001, pp.12~13, cited in Henderson & Thompson, 2015/2015, p.17-7）。

遊戲治療階段：（1）建立關係——兒童在關係中覺得被接納及被了解；（2）釋放——透過遊戲的宣洩作用來釋放情緒，解除壓力；（3）重新創造——兒童開始探索自己的重要事件和人際關係 這些事件和關係是引起不舒服的想法及情緒的來源；（4）重新體驗——兒童開始了解過去事件和現在想法、行為及情緒的連結；（5）解決——兒童能夠表現出了解並嘗試各種解決方法（Orton, 1997, cited in Henderson & Thompson, 2015/2015, p.17-8）。

二、治療目標

不同學派對遊戲治療的目標也有不同，像是精神分析的遊戲治療是要去解決兒童內在的矛盾與衝突，以及展現出來的症狀；個人中心遊戲治療協助兒童發展自我內在評價以及解決問題的能力；阿德勒學派的遊戲治療強調減少沮喪、增加社會興趣、認識自己的長處並改善行為；認知行為遊戲治療的目的是將非理性想法轉變成理性的；完形遊戲治療嘗試讓兒童復原、以整體的方式來成長（Henderson & Thompson, 2015/2015, p.5-19, p.17-4）。

三、治療技巧

遊戲治療基本技巧：使用簡潔、適合兒童年紀的語言與兒童互動，使用「追蹤」來反映兒童的非語言行為（藉由傳達兒童正在做什麼來保持與兒童的連結），內容重述（檢視兒童所說的內容，以表達對兒童的關心及了解），把責任交回給兒童的策略（如：「你覺得……」，可以建立其自我信賴、自信、責任感、成就以及掌控感，協助其做決定），鼓勵兒童能夠去嘗試，使用兒童的隱喻（保持兒童故事的原貌，沒有加入諮商師的意義解釋），用關係式回應來確認兒童想和諮商師接觸的意圖（如：「你正在猜想我在想什麼？」），設定限制的技巧（是為了兒童的安全、增加其自控感及自我責任）。適當的限制，包括：保護兒童不傷害自己或他人，避免兒童在遊戲情境中遭受危險，維護遊戲情境的玩具和遊戲媒材，以及在排定的時間內待在遊戲治療中（Henderson & Thompson, 2015/2015, p.17-16）。

小博士解說

佛洛伊德曾說，人生三大任務是遊戲、工作與愛，而遊戲也是兒童生活的最重要元素。

遊戲治療的八個基本原則

（Axline, 1947, 引自梁培勇，2006, pp.146~147）

- 治療師必須和兒童建立溫暖友善的關係。

- 治療師必須接受兒童真實的一面。

- 治療師與兒童的關係中要具有寬容的感受（讓兒童能自在地表達他的感受）。

- 治療師要能夠敏銳地辨識出兒童表現出來的感受，且以兒童領悟到的方式，將這些感受回饋給兒童。

- 治療師必須尊重兒童能夠把握機會解決自己問題的能力。

- 讓兒童帶領、治療師跟隨。

- 治療師對治療的進度不能太急切。

- 治療師訂下一些必要的限制（其目的是要讓治療能夠符合真實的生活世界，以及兒童在治療關係中應負的責任）。

遊戲治療可能會遭遇的挑戰（梁培勇，2006）

- 治療師的做與不做。
- 兒童不願意進入治療室（分離焦慮）。
- 兒童因為陌生情境而不願進入治療室。
- 兒童進入治療室後不玩、不說話。
- 遊戲室規則何時呈現？
- 治療師要裝輸嗎？
- 要不要收拾玩具？
- 治療師要不要陪孩子玩？
- 兒童要帶玩具回家。
- 兒童在時間到時不願意離開。
- 錄音錄影。
- 兒童批評遊戲室的設備和玩具種類。
- 兒童要帶自己的玩具來。
- 兒童破壞和玩壞遊戲室的玩具。
- 兒童說下次要帶朋友等來玩。
- 兒童會問治療師私人的問題。
- 兒童要求治療師送禮物給他。
- 兒童的測試行為。
- 兒童要送東西給治療師。
- 兒童遲到。
- 兒童帶吃的東西進治療室。
- 曾經中斷又出現的當事人。
- 兒童要求治療師替他向父母和老師表達意見或解決問題。
- 諮商師的修養。
- 進行家庭訪問或學校訪問。
- 沉默的意義。
- 幻想、真實與說謊。
- 治療師同時擔任親職或手足的治療師。
- 定義遊戲治療的主題。

4-27 遊戲治療（續二）

四、不同遊戲治療學派簡介

1. 精神分析遊戲治療

安娜・佛洛依德在對兒童的精神分析治療中加入遊戲活動，使用玩具和遊戲讓兒童放鬆、與兒童站在同一陣線上，許多精神分析治療師也認為遊戲治療可以呈現兒童的情緒問題。精神分析遊戲治療的基本目標是兒童能夠洞察自我，而大部分的特定目標像是降低痛苦、創傷復原、適應生活、遵從醫療計畫、減輕恐懼及管理憤怒等。以佛洛依德的觀點來說，遊戲有如符號象徵，相當於成人的自由聯想。

遊戲提供諮商師機會去了解兒童隱藏的內在衝突，而遊戲的分析是基於諮商師對衝突的了解，以遊戲來建立諮商關係，也建立解決衝突的解析基礎，同時降低症狀而解開心防，諮商師的角色是以對兒童有意義的文字，來解釋兒童的象徵性遊戲（Henderson & Thompson, 2015/2015, p.5-19, p.5-20, p.5-21）。

2. 兒童中心遊戲治療

諮商師使用兒童中心遊戲治療時，以情緒及言語表現出完全與兒童「同在」的態度，也就是開放自己去面對兒童的經驗，同時釋放以下訊息（Landreth, 2002, cited in Henderson & Thompson, 2015/2015, p.6-17）：

（1）我在這裡（我不會因為任何事而分心）。
（2）我聽到你的話（我很仔細在聽）。
（3）我了解你。
（4）我關心你。

遊戲室的玩具必須能夠引起兒童的創造力和情緒表達。諮商師可以選擇多用途的玩具（如堅固耐用，並能用來探索生活、測試限制、發展自我和提供學習自我控制的機會）。諮商師接納兒童時，兒童會更熟悉自己的內在價值，因此諮商師創造一個安全地方，讓兒童在沒有干擾、建議、解答和解釋的環境下遊戲。諮商師不指導，也很少問題，只是用反應的方式來跟隨（或「追蹤」）兒童的遊戲，像是：「你正在敲打。」即使被兒童要求也不做任何評論（Henderson & Thompson, 2015/2015, p.6-17）。遊戲治療就如同戲劇的創作，在諮商關係中，諮商師示範著接納、接受和開放的態度，伴隨著傾聽及聽見、教導與學習、指導和接受、積極參與安靜觀察、面質及放下等技術（Moustakas, 1997, p.2, cited in Henderson & Thompson, 2015/2015, p.6-18），協助兒童釋放及表達情緒，進而接納、肯定自己。

小博士解說

在遊戲治療中設定限制是必要的，可以讓兒童發展安全和信任感，也讓治療不脫離現實，同時協助兒童接受責任。

精神動力遊戲治療過程的四個重要概念
（Chethik, 2000, cited in Henderson & Thompson, 2015/2015, p.5-20）

 重要概念　　　　　 說明

治療聯盟	治療聯盟包括兒童進行與分享治療目標時的觀察。
抗拒	兒童不想改變時的僵局。
移情	兒童投射潛意識對某位重要成人的情感和希望到諮商師身上。
介入	用來幫助改進問題。

 兒童中心遊戲治療的階段
（Kottman ,2004, p.125, cited in Henderson & Thompson, 2015/2015）

1 兒童使用遊戲表達負面情緒。

2 兒童使用遊戲表達矛盾的情緒（通常是害怕或生氣）。

3 兒童使用遊戲表達負面情緒，但焦點轉移到特定目標（如老師或是諮商師）。

4 正負向的矛盾情緒回來了，但現在是指向父母、手足或其他人。

5 正向情緒說服兒童去適當地表達負向情緒。

 家族遊戲治療（Henderson & Thompson, 2015/2015, pp.15-32~15-35）

 學派　　　　　 重點

心理動力家族遊戲治療	家庭成員學習參與遊戲的活動、戲劇、說故事和藝術表演等互動式活動，治療目的在於協助家庭發展和使用創造力，增加更多彈性來適應正在發生的情境，並能有情緒性的回應。
親子遊戲治療	這是父母共同參與兒童遊戲的治療方式，以兒童中心治療的原則為主。此派學者認為，兒童的適應問題通常來自父母無法真正了解孩子的內心世界，因此使用遊戲來協助父母與兒童的溝通、並處理問題，增強親子之間的關係。
策略性家族遊戲治療	是所有家庭成員都可以共同參與的遊戲治療方式。遊戲是自由且富有想像力的，可使用玩具、戲服、道具，也可以不使用。諮商師結合訊息和符號過程處理的理論，也運用「偽裝遊戲」，協助家庭成員在沒有威脅的情境中，學習互動和解決衝突的技巧。

4-28 遊戲治療（續三）

3. 阿德勒學派遊戲治療

諮商師嘗試去發現兒童的生活型態、並探索他們的私人邏輯，幫助兒童做決定，並決定生活型態的哪些部分要保留及改變。此學派假設被轉介來的是受挫兒童，因此其遊戲治療目的就是降低兒童的挫折感。一般目標就是幫助兒童連結他人，相信自己有能力和自信，認為自己是有價值和重要的，諮商師也要建立兒童的勇氣來探索新的經驗及面對挑戰（Kottman, 2003, cited in Henderson & Thompson, 2015/2015, pp.11-25~11-26）。

遊戲治療的階段目標：（1）建立一個民主、同理的治療關係；（2）諮商師探索兒童的生活型態，並標記出兒童的信念、態度、目標、情緒和動機；（3）諮商師解釋兒童的生活型態、錯誤的信念和自我挫敗的目標與行為；（4）諮商師幫助兒童洞察自己且採取行動去改變行為和態度（Kottman, Bryant, Alexander, & Kroger, 2008, cited in Henderson & Thompson, 2015/2015, p.11-26）。

4. 完形遊戲治療

完形學派關心個人發揮整體的功能，因此鼓勵感覺、身體、情感、心智的發展，用一種比較有創意的形式來表示。兒童以象徵性的方法表達自己的生活經驗，不僅有助於自我解釋，也提高其自我覺察能力，遊戲也給了兒童學習和安全冒險的機會。完形所謂的「接觸」，是指個體有能力可以完全用自己的感受跟外界進行最好的互動，因此完形遊戲治療包括一些感官以及情感的活動與體驗，治療師協助當事人了解做了哪些事情？這些事情是如何進行的？才能有效提升當事人的自我覺察（Henderson & Thompson, 2015/2015, p.7-15）。

5. 認知行為遊戲治療

合併認知和行為療法，經由遊戲活動協助兒童解決問題。認知行為治療提供結構性與目標導向的活動，讓兒童以非結構及自動自發的方式來參與。諮商師選擇一些技巧來修正兒童的認知錯誤，以減輕困擾症狀。此遊戲治療是短期、指導性和問題導向的治療，治療關係是教育與合作的。治療師以兒童的言語為基本資料，使用聚焦的問題來揭露兒童的想法，並用遊戲技術以及語言和非語言的溝通，協助兒童改變行為及參與治療。諮商師與兒童共同設定治療目標，一起選擇遊戲媒材與活動，治療師也重視兒童的想法、感覺、想像和環境（Henderson & Thompson, 2015/2015, p.13-170, p.13-18）。

治療師強調當事人對自己行為改變的控制、熟練和責任等主題的重要性。治療過程中，治療師透過對兒童的同理心和接納，讓兒童感到安心，同時使用放鬆技術和言語的讚許；給予兒童機會去經驗和測試與情緒有關的想法；兒童檢視這些扭曲的非理性想法，學習分辨理性和非理性想法來改變知覺；治療師示範合乎兒童需求的調適及因應技巧，間接傳達了認知的改變和適應行為（Knell, 1998,cited in Henderson & Thompson, 2015/2015, pp.13-18~13-19）。

小博士解說

認知行為遊戲治療對於憤怒問題、選擇性緘默、憂鬱、注意力不足過動、遭受性虐待兒童及焦慮兒童等有相當成功的療效。

遊戲治療種類

（整理自Henderson & Thompson, 2015/2015, p.17-8, p.17-22）

生態系統遊戲治療

整合生物、心理、兒童中心和認知行為學派理論以及發展概念的混合取向，強調兒童在世界上的互動與經驗，以及兒童內在象徵性的世界。

團體遊戲治療

將有相似問題或經驗的兒童聚集在一起，藉由團體遊戲治療來協助他們。要注意避免兒童爭相引人注意，兒童之間要成為彼此的模範。

規範性遊戲治療

由兒童帶領、治療者被告知的方式來選擇與運用的特殊治療取向。治療師要將兒童的議題融入遊戲治療。

親子互動治療

兒童諮商通常要將父母親介紹進來，親子互動治療就是其一。治療師先教導父母親使用適當方式與孩子互動，接下來就讓親子共同遊戲，可減少孩子的困擾行為、增加順從度。

治療性遊戲治療

父母剛開始是觀察者，然後是協同治療者。治療目標是培養依附、自尊、自我管理、信任與快樂投入。此治療模式是玩樂的、不需要玩具，也很少使用道具。由成人負責治療架構，並鼓勵身體的接觸。

完形遊戲治療可嘗試的活動

（Carmichael, 2006, cited in Henderson & Thompson, 2015/2015, pp.7-15）

- 請兒童畫出他們的感覺。

- 請兒童畫出他們的想法。

- 讓兒童看某一件物品，畫出它帶給他們的感覺，也可讓兒童畫出對故事、戲劇音樂等情緒的反應。

- 畫出或用黏土描繪對立的兩個極端（如快樂／傷心、生氣／冷靜、愛／恨）。

- 讓兒童創作他們生命路線圖（標示出生命的高低潮）。

✛ 知識補充站

「親子遊戲治療」是父母共同參與兒童遊戲的治療方式，以兒童中心治療的原則為主。兒童的行為問題通常來自父母親無法真正了解孩子的內心世界，因此使用遊戲協助父母與孩童的溝通並處理問題，及增強他們的關係。（Henderson & Thompson, 2015/2015, p.15-13）

第 5 章
兒童與青少年生涯及學習輔導

學習目標：

　生涯是我們賴以謀生與展現自己想要的生活方式，而且這種覺察與準備是自小開始，兒童與青少年對於生涯的認識與展望，可以更清楚其所需能力及努力方向，提早做準備；倘若是在學習上碰到先天或後天的障礙與挑戰，諮商師要有正確的認識，助其一臂之力。

5-1　兒少生涯輔導的特色與內容

5-2　兒少生涯輔導的特色與內容（續一）

5-3　兒少生涯輔導的特色與內容（續二）

5-4　兒少生涯輔導的特色與內容（續三）

5-5　兒童與青少年學習輔導

5-6　學習輔導需注意事項

5-1 **兒少生涯輔導的特色與內容**

生涯是我們賴以謀生與展現自己想要的生活方式，生涯輔導不是長大後才需要去思考的問題，而是從小就開始覺察與吸收。生涯發展包含個體個性、興趣、想要的生活方式與工作等，因此「休閒」也相當重要，懂得培養一些嗜好、興趣或活動，不僅可以增進身心健康、打發時間、抒發情緒，也可以發揮創意、提高工作效能。

兒童與青少年生涯發展特色

兒童生涯發展的特性，包括此時期處於生涯發展的「幻想階段」。對於未來職業的幻想，主要來自於對父母親職業的認識，接著他們的偶像人物就可能產生影響，這種情況從最近對學齡兒童的調查可見一斑，兒童們最想成為的是歌手與運動員，這與媒體風行的「我是歌手」等類似超偶節目有關。兒童對於職業有幻想的種類與內容之外，還有職業的性別刻板印象（王文秀等，2011）。

青少年生涯發展特色則包含：「幻想」、「不穩定」與「現實」三個階段。國小之後進入「不穩定」期，會出現興趣、能力、價值觀與轉型的認識及挑戰，最後才會顧及職場的實際條件與需求，正式進入「現實」期（鄔佩麗、陳麗英，2010, p.175）。

生涯輔導的執行方式

生涯輔導的執行方式，包括課堂上的講授與介紹、興趣與職業性向測驗、參觀與觀摩、網路連結與搜尋、建教合作、個別或團體輔導，甚至提早汲取經驗，也可結合教育活動（包括教學、升學博覽會、資料展示、校友返校座談、社會

人士經驗分享）；兒童方面可以採用體驗式的教學，也可以讓他們從家人那裡了解工作性質。兒童生涯輔導主要目的是在「職業自我概念」的發展，著重其生涯的覺察。對於自我的認識攸關其他生涯的面向，唯有讓兒童清楚自己的能力與特性，才能夠對工作世界有更多的認識之後，將自我與工作世界做適當連結（哪些工作需要什麼能力，而我又有什麼能力）（王文秀等，2011）。

兒童生涯輔導的目標與內容

兒童生涯輔導的目標與內容包括以下各點：

一、增進兒童的自我覺察：認識自己、了解自己的能力與特性，進而喜歡、悅納自己。

二、培養兒童正確的職業觀念：每個人的工作都有益於社會發展，也是個人回饋社會的積極方式。

三、培養兒童正確的工作態度：盡力、真誠、責任。

四、讓兒童了解教育與未來職業之間的關係。

五、了解社會經濟狀況：了解個人工作與社會經濟之間的關係。

六、增進個人對工作世界的認識：增加生活經驗，也從自己的日常生活中，認識不同工作與所需的能力。

七、學習做決定的基本技巧：從日常生活中的選擇與決定開始，讓兒童學會自己做決定，也負起責任（像是選擇上學要穿的衣服、放學後學習什麼才藝等）。

兒童與青少年生涯輔導目標

★著重生涯探索，協助學生探索與
　了解工作世界
★協助學生自我覺察興趣、能力與
　價值觀
★了解勞動是貢獻社會的管道
★協助學生發展正確的人生觀
★協助學生熟知一切的教育機會、
　特性，並體認教育、生活方式、工
　作環境等之關係
★協助學生熟知各行業狀況
★協助學生了解社會經濟的結構
★協助學生建立對事物的價值觀，
　並培養其決策能力
★協助學生選擇及評鑑就業或再
　進修的方向
★讓學生熟知未來目標，確定其所
　欲擔任的角色
★協助學生有效安排工作與休閒
　時間

★著重在自我認識、
　了解自我（包括個
　性、家庭與性別）、
　能力、興趣
★認識工作世界與周
　遭環境
★了解工作特性與個
　人性格的相符條件
★了解職業存在之價
　值
★學習獨立作業及與
　他人合作
★休閒生活（兼有娛
　樂、自我成長與發
　展功能）的重要性

 國小階段 **國中階段**

 目前生涯發展教育議題所舉辦的活動項目

教師研習　教學活動　專題演講　參觀活動　宣導說明會　座談會

成長營　影片欣賞　博覽會　刊物　展覽活動　生涯檔案

＋ 知識補充站
　生涯與個人所選擇的志業、想要過的生活等有關係，不光是未來職業的選擇而已。

5-2 兒少生涯輔導的特色與內容（續一）

兒童生涯諮商需注意事項

兒童生涯輔導（諮商）工作的指標（如右頁圖），基本上可分為認識自我、了解個人與工作關係、工作世界的意義及相關資訊、負責的態度、解決問題及與人合作的能力、規劃與管理時間，以及人際互動能力等。諮商師或輔導教師可根據這些工作指標、兒童不同發展階段認知能力，由淺入深的進程，來設計適當的班級活動或是團體諮商，也可將這些相關訊息與技能置入不同的課程中（這也需要與不同科目教師、行政人員合作）。

田秀蘭（2011, pp.356~357）建議在課程教學上，可以採用下列方式：提供學生相關書籍（如名人或偉人傳記）的閱讀，讓學生討論個人特質與生涯關係；放映影片，引導討論（並注意工作價值觀）；寫作「我的志願」，讓學生表達與了解自己對未來的展望；介紹職業分類法，了解不同行業需具備特質或能力，可配合介紹及了解家長或家人職業內容；以「角色扮演」方式讓學生認識一些工作與角色。

國小階段可增加兒童的生活經驗，並將其在學校所學的運用在日常生活中，這樣能夠拓展兒童對工作世界的認識、體會工作的意義、減少某些職業的錯誤認知（或性別刻板印象）等。

兒童通常是從家人那裡學習職業與工作的最初印象，然而若要進一步深入了解，可能不是一般家人可提供，因此針對兒童做生涯輔導時，不妨將社區資源納入，兒童可以拓展自己的熟悉領域，先去了解附近人家所從事的工作（也許跟家人不同），再來就是認識社區裡有哪些工作場域或機構，其性質與提供的服務為何，這些也都是可以善加利用的資源。

進行兒童生涯輔導，除了可妥善運用學校及社區既有資源之外，目前網路發達，相關資訊或影片也都容易取得與運用（包括與職涯相關的電腦軟體），不管是讓兒童可以跟隨父母親或家中長輩做一日工作的「近身採訪」、參觀社區工廠或職場、進行參與訪問或與社區活動結合，都可以讓兒童有第一手的經驗與接觸，同時化解許多迷思。

儘管目前國小階段在兒童輔導方面仍有許多可以加強的部分，像是在許多課程教學上，仍局限於課堂上的單向教學、較少實際體驗課程，也甚少與實際生活做連結，加上許多課程與生涯相關，卻缺乏縱與橫的系統聯繫，造成零星、點狀的知能學習，要學生自己頓悟，或是隨著成熟階段才慢慢了解，似乎太被動，也較無效率可言。

小博士解說

對於國小階段的兒童來說，可以具體操作、體驗、參觀，以這種「做中學」的方式來讓他們了解工作或職業（包括技能），也是學習最有效的方式之一。即便是學童說將來想要做「歌手」，也可以針對「歌手」這個工作，來進行更深入的了解以及所需技能與相關能力（如經營粉絲頁、公關或公益、可能的生活模式等）之分析。

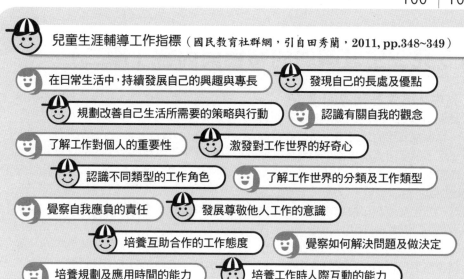

兒童生涯輔導工作指標（國民教育社群網，引自田秀蘭，2011, pp.348~349）

- 在日常生活中，持續發展自己的興趣與專長
- 發現自己的長處及優點
- 規劃改善自己生活所需要的策略與行動
- 認識有關自我的觀念
- 了解工作對個人的重要性
- 激發對工作世界的好奇心
- 認識不同類型的工作角色
- 了解工作世界的分類及工作類型
- 覺察自我應負的責任
- 發展尊敬他人工作的意識
- 培養互助合作的工作態度
- 覺察如何解決問題及做決定
- 培養規劃及應用時間的能力
- 培養工作時人際互動的能力

 兒童生涯班級輔導主題示例

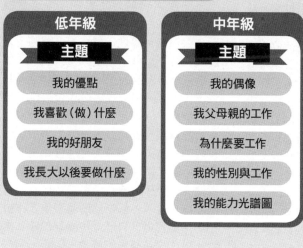

低年級	中年級	高年級
主題	**主題**	**主題**
我的優點	我的偶像	國中與小學的不同
我喜歡（做）什麼	我父母親的工作	我想要做的工作與需要的能力
我的好朋友	為什麼要工作	怎麼與人溝通
我長大以後要做什麼	我的性別與工作	合作的意義
	我的能力光譜圖	休閒與生活

＋ 知識補充站

　　影響生涯決定的因素，包括：個人人格與特質（如個人興趣、性別、喜歡與事物或人相處、個性、生活方式）、家庭因素（如父母教育程度、父母期待及價值觀、父母教養態度或家庭經濟情況）、社會環境（如全球經濟趨勢、社會對不同職業的評估或職業聲望、市場趨勢）、學習經驗（如教育程度或訓練、職業偏好、問題解決能力）等。

5-3 兒少生涯輔導的特色與內容（續二）

高中／職生涯輔導困境

我國傳統升學與形式主義領軍的教育，在普設大學的情況下，並沒有減輕升學壓力，反而更延後學生對於生涯的認識與準備。以升學為主要目標的高中生所面臨的生涯困境，包括：「自我認識不足」、「生涯資訊了解有限」以及「缺乏生涯決策能力與自由」。高中學生大部分時間放在準備升學科目及考試上，生活經驗局限於校園、家庭及補習班，沒有足夠時間進行生涯試探，自然對於自己的興趣感到迷惑，儘管校方做了例行的興趣與生涯探索計量或測驗，但是學生對於性向與能力的定義常取決於在校成績或分數，對未來生涯關注的焦點，僅限於能否如願考取理想大學校系，缺乏長遠的生涯願景。

也因為缺乏生涯試探時間與機會，高中生對大學科系的學習內容、工作世界的現況以及不同職業領域的內涵了解有限，或是訊息錯誤、過時，在面臨選組及選擇學校科系時，多數學生在不了解自己的目標與方向下，就依循家長的期待、師長的建議或以社會主流價值來做決定，少部分對於生涯目標清楚的學生常會面臨個人興趣與重要他人期待不同的困境。目前高中推動生涯輔導工作，主要是透過「生涯規劃」課程教學、辦理相關活動、個別諮商與團體輔導等方式進行，然而不少學校將「生涯規劃」開在高三的課程裡，其內容多以協助學生製作備審資料、準備面試和選擇升學校系為主，顯然窄化了生涯規劃的內涵。針對升學所辦理的活動，則以座談會或演講形式邀請畢業校友、專家或教授等蒞校做校系及職涯介紹，雖然收效甚佳，但因是辦理正規課程之外的活動，需要克服時間與經費上的限制，也需要校內相關處室單位願意配合才能竟其功。高職因為行政編制增加了實習輔導處及各科科主任，加上各職業群科不同，高職學生有較多機會參與不同群科職涯試探的相關活動，但在課程教學上，「生涯規劃」卻被列為選修（取自教育部163.32.60.67/scde/upload/appendix2.pdf）。

在學校與職場之間還有一些媒合機制，像是人力銀行或是相關求職網站，不少大眾傳播媒體（如電視、網路、雜誌或刊物）也出版專刊或是長期節目（如「技職出頭天」），提供職業市場之即時現況，企圖將學術界與業界做較佳的轉銜與聯繫，以多元管道提供學子升學與就業之資訊及進路參考。職場為了吸引有能力與潛力的新進人員，自然也卯足全力，除了舉辦各種區域性就業相關博覽會、升學相關博覽會、還有校園內之徵才博覽會等，都是協助個人與工作市場的接觸管道。只是這些機制都較為零散、單一，甚至未能持續，因此，如何統整與規劃、做永續的進行才是關鍵。

目前高中職學生面臨的生涯議題

高中

★升學考試壓力
★自我認識不足
★不了解未來升學校系和職業趨勢
★在生涯抉擇面臨個人興趣與家長期望之衝突

高職

★升學考試壓力
★自我認識不足
★不了解未來升學校系和職業趨勢
★在生涯抉擇面臨個人興趣與家長期望之衝突
★所讀科系與興趣不符
★欠缺轉換學習科系的彈性機制

 教育部頒定之12年國民基本教育實施計畫
「國中與高中職學生生涯輔導實施方案」之生涯輔導目標

輔導目標	說明	內容
了解生涯發展的意義	目的在於喚起學生對生涯發展歷程的了解與接納,使學生在父母與師長的引導下,根據個人需求與現實環境之考量,開展最有利於其發展的生涯方向。	1. 了解生涯發展觀念與生涯規劃的重要性。 2. 了解個人對生涯發展的關鍵性角色。 3. 了解教育與工作、休閒及家庭生活的關係。 4. 了解生涯規劃應考慮的因素與個人生涯發展(未來教育、職業及生活方式)的關係。 5. 了解終身學習對適應未來生涯的重要性。
探索與認識自我	目的在於提升自我覺察與生涯覺察,加強對自我的了解,探索個人歷經不同時期的自我變化,進而更能接納自我,掌握影響未來發展的各種情境因素,做妥更好生涯規劃的準備。	1. 評估自己的能力、性向、性格、興趣、價值觀等特質。 2. 探索自己對各項特質的態度與接納程度。 3. 了解影響自己未來發展的「助力與阻力」。 4. 了解家庭、社會與經濟等外在因素對未來生涯發展可能的影響。 5. 擴展生涯發展信心。
認識教育與職業環境	透過協助學生於自我認識的基礎上,進一步探索與個人特質相關之各項環境與資訊,作為生涯進路選擇之依據。	1. 了解學校教育目標、課程安排、進路選擇與未來工作間的關係。 2. 認識不同工作類型內容與各職業所需之能力。 3. 了解不同職業對個人的意義及對社會的重要性。 4. 了解升學進路與未來就業途徑及應做之準備。 5. 了解各行業發展趨勢與未來人力供需概況。
培養生涯規劃與決策能力	目的在於培養學生熟悉抉擇技巧,使其於未來面對抉擇情境時,能以理性的方法與態度做出最適切的決定,並據以擬定適切的發展計畫。	1. 了解自己的生涯願景、工作價值觀與生活風格。 2. 學習解決生涯問題及做決定的技巧。 3. 學習整合個人能力、性向、性格及興趣,做出合適的生涯決定。 4. 學習根據生涯決定擬定生涯計畫並能適時有效調整。 5. 學習如何與父母等重要他人討論「生涯規劃」問題。
進行生涯準備與生涯發展	目的在於配合所做之生涯決定,培養生涯發展上所需之各種態度或能力,以確實執行所擬定之生涯計畫。	1. 學習主動收集、評估與運用生涯資訊。 2. 增進人際溝通技巧與時間掌控能力。 3. 培養適切的工作倫理與工作態度。 4. 熟稔就業市場資訊網與求職管道。 5. 認識職場權益、義務與社會投入。

5-4 兒少生涯輔導的特色與內容（續三）

青少年生涯諮商需注意事項

青少年族群對於未來生涯發展多半是處於比較被動的立場，他們較為主動的部分可能是跟未來升學較有直接相關者，即便想要以就業為優先考量的青少年，對於職場的許多資訊還是缺乏系統性、全面的了解，不是高材低就，就是眼高手低，較難取得發揮實力與職場需求之間的平衡，這也是在做青少年族群的生涯諮商時需要注意的部分。

在做青少年生涯諮商時，除了讓當事人本身更了解自己、興趣、能力與挑戰之外，也要讓其對於未來有展望，願意進一步作計畫、培養能力以及了解職場實務與需求。光是陳列或者是提供生涯或升學資訊還不足，因為學生較無動力去做主動翻閱或了解的動作，因此不妨在諮商過程中，能夠讓當事人做一些閱讀、搜尋、訪問或參觀等作業，讓其能夠主動參與自己的生涯規劃，且開始行動。

適當地運用相關或有趣的測驗是可以的。青少年喜歡新鮮與刺激，也可以用一些比較變通的方式（像是塔羅牌和一些相關的牌卡，或是與偶像做一日跟拍），來協助青少年做了解，他們會比較有興趣，也會進一步去思考。

青少年在我們這個文憑主義掛帥的氛圍下成長，有時候也會做一些抗拒的動作，像是質疑某些科目的關聯性，會挑戰老師某些科目及能力是否與工作有關？身為諮商師或輔導老師要平心靜氣地回應這些問題，因為青少年很需要合理的答案、與人對話釐清迷思，儘管許多的學習可能跟未來的職業或工作沒有直接關聯，但卻是職場或生活所必備的能力，像是溝通能力、態度、與人合作等等。

如果碰到一些青少年對於各項事物都有興趣、沒有特別偏好，不妨鼓勵其自中選擇一兩項來努力，或做更深入的興趣培養。在一般的生涯輔導中最難的就是興趣及能力都相當平均的當事人，因此要當事人從實務中或者是實際的動作裡面去深化他／她的興趣、培育他／她的能力就很重要。

有些學生對於科系的選擇受到許多因素的影響（像是社會評比、父母親的期待、同儕和學長姊的說服），往往將自己的興趣及能力擺在最後，等到接觸實際的科系課程時，可能就發現與當初期待的有許多落差，反而容易失去學習的動力。因此，如何在學生選擇組別或科系之前，可以大致了解科系的科目與學習內容，或許就可以協助當事人釐清這樣的迷思，也可能需要將當事人相關的重要他人納入商議或諮商過程。

現在有許多大學將大學階段的前兩年，讓學生可以自由選修或跨系學習的機會，不急著讓學生選擇主修的系所，其實也是讓學生有更多的思考時間以及做最較正確的選擇。

小博士解說

青少年有正當的休閒活動很重要的，也是生涯輔導的重點之一。有意義的休閒活動可以讓青少年去體驗更多成功經驗、了解自身能力，誘發創意、學習有效表達技巧，促進個人成長與認同，達到自我實現，展現個人特質、促進人格發展，學習與他人建立關係、具備社交技巧，維護與促進個人健康，以及活化思考、增進課業表現（鄔佩麗與陳麗英，2010, p.196）。

生涯規劃模式（Swain, 1984，引自劉焜輝主編，2010，p.150）

※ 註：由右圖可知，做生涯決定的三種資訊來源為個人、個人與環境的關係，以及關於教育與職業的資訊，個人訊息可由自我探索而來，環境探索則是從對周遭環境的了解（對社會與經濟發展的了解、可能有的生涯阻力與助力之分析、家人或重要他人看法等）及資料探索（包括職業、教育與社會生活，可藉由出版品、媒體或網路訊息）獲得。

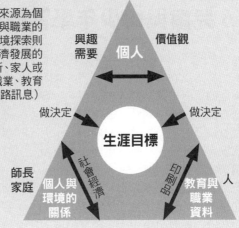

青少年生涯教育的面向

自我覺察	（自我認識）	教育覺察	（所學與能力）
生涯覺察	（自己想要從事那些範圍的工作、自己想要過怎樣的生活）	經濟覺察	（對於世界經濟趨勢、社會現況、家庭經濟情況的了解）
做決定	（分析及評估資料與情勢、考慮可能後果）	起始能力	（先備的能力為何、可以持續發展否）
就業能力	（哪些能力與職業能力有關）	態度與鑑賞	（對生活與人的態度及價值觀）

協助青少年生涯發展技巧（美國國會1994 公布之School-to-work Opportunities Act，引自鄔佩麗、翟宗悌、陳麗英、黃裕惠，2017, p.199）

- 發表生涯教育方案
- 觀察（如運用媒體）
- 監督
- 工作經驗（如提供兼職實習體驗工作並發展謀職能力）
- 透過網路連結以拓展工作視野
- 提供以社區為本之策略（如網咖）
- 一對一的輔導會談，協助其探索並面對在工作世界的自己
- 在教育系統中的結構化方案（如自我發展、生涯探索與生涯管理等）

＋ 知識補充站

現在許多青少年在國、高中時期就開始嘗試兼職打工的經驗，早一點進入就業市場，讓他們可以學習到在學校所學不到的人際關係、挫折忍受度，以及若干工作能力，然而也可能因為提早進入就業市場，而提前遭遇工作上的挫折、人情冷暖，甚至受騙上當，影響了其對未來生涯的規劃與展望。

5-5 兒童與青少年學習輔導

　　兒童與青少年階段最重要的就是學習，尤其是以課業上的學習為要。倘若課業上的學習結果落於人後，也會影響其對自我與自尊的看法，雖然現在教育體制是朝多元能力發展的方向前進，然而廣設大學的現況，也不免讓人有認知不協調的「違和」感受——似乎仍在鼓勵上大學與獲得文憑。倘若兒童和青少年在學業上的表現落後同儕許多，或是與他／她的能力相差太大，學習輔導的介入就變得很重要。

　　現階段許多學校及社區對於學童的課業輔導都有加強的趨勢，甚至挹注不少資源與人力在課後輔導上，然而若只是著重於課程認知上的重複學習，未能因材施教，一來並不能保證學生學會，二來也嚴重忽略了影響其學習成就的根本因素，因此有效且合乎需求的學習輔導就很關鍵。許多的學習困擾不是因為智力或能力因素，而是缺乏學習或成就動機，或是資源未到位等相關因素所造成，若能排除這些障礙，將會讓這些學子的學習更有效率。

　　學習輔導目標可以分為：（1）發展性措施——有效的教學；（2）預防性措施——以學習有困難的學生為對象，避免學習問題惡化；（3）補救性措施——對需要特別幫助的學生，應該採用個別補救教學、資源班課程活動、IEP（個別教育計畫）會議、特殊學生個案研討會等補救措施，來提高學生的學習能力。學習輔導內容可以分為：（1）始業輔導——在學生進入另一個學習階段之前（如國小進國中、國中進高中），能對後續的活動目標、內容與進行方式有所了解；（2）課業輔導——讓學生能夠做有效學習，教師可提供有效學習的相關方法或策略，協助學生培養良好的學習態度與習慣，使學生能夠得到正向的學習經驗；（3）升學輔導——為學生安排有關自我探索、學系探索、選組輔導等活動（像是大學科系介紹、多元入學方案說明、甄選入學說明、選填志願等）；（4）特殊學生輔導——為了提供學生適性的學習輔導，教師能了解學生需求，並偕同特殊教育專業人員提供必要的協助（如低成就學生、學習困難的學生）（鄔佩麗、陳麗英，2010, pp.215~216）。

　　有效的課業輔導並不是重複教師在課堂上所進行的教學方式，而是能夠根據學生的需求，如教學方式、起點行為的準備，或是排除一些妨礙其學習動機的因素（如家庭問題或同儕互動等），讓學生能夠專心、有效地學習。

小博士解說

　　現代兒童與青少年上網就可以找到資訊，然而資訊雖多，卻不是經過科學驗證的「知識」，因此往往以訛傳訛，學到的不是真正扎實的知識，所以更需要判斷能力的養成。

影響兒童學習表現與成就的可能因素

影響因素	說明
個人因素	性別、身心成熟度、準備度、記憶量、認知風格、情緒穩定程度、先前知識背景、學習經驗、學習方法與策略及時間規劃、有無同儕支持與協助、同儕價值觀等。 個人能力落後同儕、社交技巧與溝通技巧障礙、發展性疾病（如智能或學習障礙、自閉、過動）、缺乏學習起點行為、缺乏動機與興趣、缺乏學習策略等。
家庭因素	家庭經濟情況（可否提供良好學習環境與資源）、家長教育程度與期待、家庭氣氛、管教態度等。 家庭結構複雜、家長期待不一（或過低、過高）、教養方式有歧異、家庭不睦、家庭經濟與資源問題、家庭價值觀（如不重視學業、重男輕女）、搬遷頻仍、家庭有創傷或失落經驗、家中有心理疾病或慢性病患者等。
學校因素	教學設備、班級管理與氣氛、師生關係、教材適當性、教師之教學方式與態度等。
環境因素	居住社區與環境、圖書館等相關資源之提供、電腦科技之普及與可接近程度等。 所屬社區治安不良、公廟或信仰文化、社經較差或勞工密集地區。
社會因素	文憑主義、功利主義、市場主義（利益導向）等。

青少年選擇職業的動機（不限於此）（ Rice & Dolgin, 2002/2004, p.388 ）

 職業的身分可滿足其被認同的需求、達到情緒性的滿足。

 認同某一個特定職業而發現自我狀態、自我實現與自我滿足。

 高度生涯志向是高自尊的成果，滿足自我優越感。　 職業可以滿足人們的需求。

 職業是用來實現其生活目標與計畫的途徑。　 職業可改善其所居住的社會。

＋ 知識補充站

　影響兒童在校表現的可能因素，包括：嚴重的發展遲滯、過動與關係問題（如忽視、虐待、不一致的照顧以及貧窮）。（Tucker, 2017, p.271）

5-6 學習輔導需注意事項

學習輔導其中一項是提供學生有效的學習技巧，包括：（1）提升學生的學習動機——這主要是教師在教學上需採用能引起學生興趣的教材與教法、滿足學生缺失性的動機（如勿讓孩子餓肚子上課）、讓學生確切了解學習性質、學習內容及目標為何、讓每位學生都有成功經驗的機會（也就是針對學生能力設計各種不同的作業）、善用教師的回饋來激發學生學習的意願（如對學生具體說出其表現特殊之處）（張春興，1996，引自鄔佩麗、陳麗英，2010, p.210）；（2）訂立學習計畫與時間管理——讓學生明白自己的學習目標、履行計畫與步調、可以如何評估目標達成程度；此外，也要學生在上課之餘，能夠有效地安排自己的時間，將時間做建設性地使用（如閱讀、準備課業、休閒安排等）；（3）有效閱讀方法（鄔佩麗、陳麗英，2010, pp.210~211）。

青少年的學習輔導還包括學習策略的教導以及練習，通常青少年會仰賴師長們給予一些容易記憶的口訣來學習某些科目，師長們當然也可以教導青少年如何創發新的記憶方式與深入學習的方法。

此外，提供青少年適當資源是很重要的，雖然現在網路發達、資訊爆炸，年輕學生有更多管道獲得資訊，然而的確需要進一步將所得資訊做適當分析、判斷與應用，這些資訊才能發揮其功能，因此，如何讓學生學習使用正確的判斷力來決定資訊的真偽，就變得十分重要！雖然目前許多家長讓孩子參與補習班或安親班，也要進一步了解其學習情況與效果，與孩子及師長做充分溝通。許多孩子每天參與安親或補習班、才藝班，幾乎都沒有其他時間可以自由運用，有的甚至連星期假日都被這些補習課程塞得滿滿地，讓他們幾乎沒有喘息的機會，這樣的學習壓力到底成效如何？是否造成惡性循環（課業未有起色，連帶也加重身體、心理負擔）？的確也需要家長與校方注意。

然而，許多學習還是需要下苦功才能將所學的扎根，或是經由練習來熟練。現在的孩子處於網路數位時代，資訊來源過多，也因此他們誤以為不需要去記憶或是深入了解，以至於他們所做的動作就是「下載」（download）與「卸載」（offload），因此也疏忽了學習的真正本意。

再者，兒童與青少年的同儕學習是這個階段的主軸，因此，如果可以請校內成績優秀、考上大學的校友，或是一些偶像人物來分享一些學習心得與策略，也是很好的方式。

小博士 解說

許多被診斷為有發展障礙的兒童與青少年，常常是根據他們的行為，而不是這些行為之下的可能因素而被做出診斷。（Vicario, & Hudgins-Mitchell, 2017, p.85）

學習輔導目標（鄔佩麗、陳麗英，2010, p.215）

 目標　　　　　　　 措施

發展性目標	是以全體學生為對象，務期學生潛能得以發揮，因此有效率的教學讓學生可以獲得學習效果是最重要的。像是提供讀物、徵文比賽、影片欣賞與討論等，教師提供適當的資源與架構，讓學生可以有效學習，並將其應用在日常生活中。
預防性目標	以若干學習有困難之學生為對象，為了避免問題惡化所做的相關活動與方法，像是性向測驗，或是潛能開發等課程，作為加強學生學習的效果。
補救性目標	是在問題發生之後，校方對於需要協助的少數學生做學習的救濟動作，像是課業輔導加強、適性或個別客製化的學習計畫、安排個案討論等。

轉銜階段及轉學生的學習輔導內容

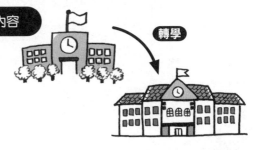

國小　國中　高中　轉學

★學生從國小進入國中或從國中進入高中，學習科目會越來越多，也越來越有難度，因此除了安排新生始業典禮或訓練之外，若能進一步針對這個求學階段的學習及需注意事項做全校宣導、適當的測驗（如學習或壓力量表）與班級輔導，可能篩選出需要特別協助的學生，也更能夠協助學生進入狀況。

★大部分學生進入新的學習階段，都經歷了失落經驗——也就是從熟悉的環境到另外一個嶄新、陌生的環境——因此失去了原來的支持及人際網路，而需要重建新的人際網路與支持系統，轉學生亦同。

★轉學生可能因為不可抗拒的因素（包括搬家、父母親工作轉換，或是學生本身在原學校的適應問題），因此做了轉學的決定，然而許多學校只是將轉學生安插到新的班級，卻沒有進一步去追蹤孩子的適應情況，也使得轉學生在努力融入新的環境時，較缺乏支持力量與資源，添加其學習上的困難。

★許多家長在處理學生適應問題時，通常是以轉學作為因應之道，沒有針對孩子的適應問題進行了解與解決，因此即便孩子進入新的環境，還是一直重蹈覆轍，也造成孩子一直轉學的惡性循環。

★對於經常轉學的孩子來說，失落經驗變成一種常態，也因此當他／她進入新的環境，通常不敢結交朋友，因為擔心這樣的情誼不能持久，也因此重複轉學的孩子，常常變得孤立無援，在人際關係上會退縮，也造成他／她不快樂的原因。

第6章
兒童與青少年輔導／諮商需注意事項

學習目標：

　　針對兒童的諮商服務，要讓兒童與諮商師相遇的經驗是正向的，如何觀察、蒐集資料、形成個案概念，以及基本技巧與訣竅，諮商師的真誠相待與陪伴就是給兒童最大的認可，也是建立治療關係的關鍵。青春期孩子需要什麼？面對視為威權的諮商師會有那些抗拒的表現？諮商師該如何化解？有哪些是面對青少年當事人的禁忌？本章有扼要提醒。

6-1 **兒童及青少年諮商通則**

諮商師或輔導教師進行個別諮商時，因為兒童或青少年與成人單獨相處一室，會因為害怕權威或有其他擔心而較不自在，青少年也正處於「長自己」的階段，有時會為了反對而反對、抗拒的表現會較為強烈而明顯（如不合作態度、口出惡言、不尊重，或是只說「不知道」），會讓諮商師或輔導教師吃足苦頭、讓協助碰到瓶頸，當然這也考驗諮商師解決問題的功力。倘若兒童或青少年邀請朋友一起出席，諮商師也可以接受，還可自當事人與朋友之間的互動更了解當事人，不必執著於「個別諮商」的形式，有些學校的教師或是輔導老師偏好「少數人」一起諮商，除可加強同儕學習、減少孤單感、符合經濟效益之外，還可以同時與一群學生建立關係、了解學生與人互動及其支持脈絡情況，也可以進一步建立學生互助的支持網路。

在校園裡做諮商，輔導教師或諮商師在安排與學生面談的時間與時段上要特別注意，除非學生的情況嚴重、需要持續安排在同一時段（最好也能讓校方與教師了解這樣做的理由），要不然因為學生有受教權，如果固定在同一個課堂與學生面談，可能就會剝奪了學生學習該科目的權利，因此如果可能，不妨做適當的晤談時段變動，對於學生的受教權就較有保障，這樣他們就不會同一堂課都缺席。

再者，兒童和青少年因為尚在發展與學習階段，有時候若諮商師用了較艱澀的詞句、或是複雜句（一句話裡涵蓋許多意思），他們可能不了解諮商師所說的，因此諮商師可使用不同的陳述來描述及澄清。青少年跟一般成人一樣，都有自尊及被尊重的需求，不希望被貶低，因此有時候即使不了解，也會假裝知道，諮商師在與當事人對話時，即便懷疑當事人不了解自己所說的，但是儘量少用「你了解嗎？」或「你懂嗎？」這樣的字眼，而是採用不同的方式（如請當事人舉例或做摘要）來做釐清。

針對兒童和青少年做諮商，要特別留意其所處的環境脈絡，以及其他影響的因素。因為年紀越小，缺乏解決問題的能力，卻會將其壓力展現在行為上，而真正的問題原因可能是在所處的環境裡，像是父母親不和，孩子可能會出現暴力行為、課業落後、注意力不集中等問題，因此在與兒童或青少年做諮商時，諮商師必須要有生態觀，要看到當事人周遭其他可能影響因素，而不是將問題鎖定在當事人身上，這樣有極大可能會失焦。

諮商對象是兒童或青少年，也應該像一般諮商程序一樣做後續追蹤評估。兒童和青少年的問題可能會重複出現在諮商場域裡，諮商師要有所準備，務期讓每一次諮商結束後，當事人更有能力去面對同樣的問題及做有效處理。

一般的兒童諮商模式（Henderson & Thompson, 2011, pp.3-12~3-15）

1 經由積極傾聽來確認問題
2 澄清兒童的期待
3 探索過去解決問題的方法
4 探索新的解決方法
5 讓兒童能承諾去嘗試一個新方法
6 結束會談

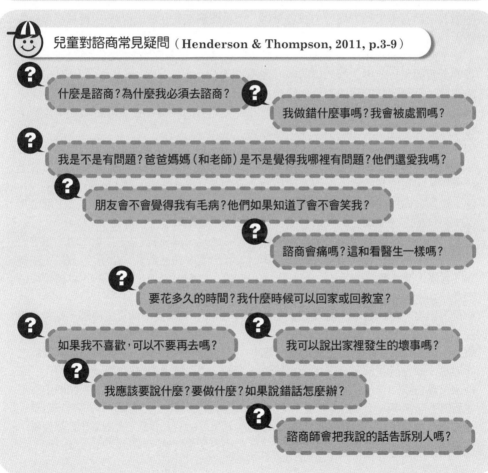

兒童對諮商常見疑問（Henderson & Thompson, 2011, p.3-9）

? 什麼是諮商？為什麼我必須去諮商？

? 我做錯什麼事嗎？我會被處罰嗎？

? 我是不是有問題？爸爸媽媽（和老師）是不是覺得我哪裡有問題？他們還愛我嗎？

? 朋友會不會覺得我有毛病？他們如果知道了會不會笑我？

? 諮商會痛嗎？這和看醫生一樣嗎？

? 要花多久的時間？我什麼時候可以回家或回教室？

? 如果我不喜歡，可以不要再去嗎？

? 我可以說出家裡發生的壞事嗎？

? 我應該要說什麼？要做什麼？如果說錯話怎麼辦？

? 諮商師會把我說的話告訴別人嗎？

✛ 知識補充站

　　因為諮商與輔導的觀念還不甚普及，因此在接觸兒童與青少年的時候，這些潛在的當事人可能會認為來接受輔導與諮商就是「有問題」，也擔心他人眼光，所以他們的抗拒會比較強烈，也是可預期的。諮商師態度開放，讓當事人可以問問題，然後用他們可以了解的語言來解釋，在建立治療關係的同時，也釐清或破除了一些輔導或諮商的迷思。

6-2 兒童及青少年諮商通則（續一）

個案概念化與核心理論

個案概念化（case conceptualization）是將所收集的資訊做了解與有效分析，然後擬定可能的處置方向與計畫。個案概念化是持續的過程，隨著治療關係的進展、對當事人資料了解更充分，諮商師對於協助當事人的方向與方式會更適切。

諮商師如何看當事人的困擾、介入計畫的擬定與執行，與其所相信的核心理論有關，不同取向的理論對於問題根源與看法不同，也影響接下來的處置動作。像是人本取向學派認為個人在「理想我」與「實際我」之間的差距越大，就會較有困擾產生，因此需要進一步了解與接納當事人，肯定其有能力面對與解決問題；認知取向的諮商師相信，我們的困擾來自於不合理（僵化、不切實際）的信念，只要改變信念，情緒困擾或問題自然迎刃而解；後現代取向的諮商師認為，當事人遭遇問題是因為「卡住了」，因此諮商師將當事人視為專家，從其既有優勢出發，協助當事人處理面臨的議題。諮商師本身除了精練自己的臨床經驗外，也要深入了解自己喜愛的某一取向理論，或是能夠解釋自己生命經驗的理論，讓它成為自己的核心理論，這樣在面對不同當事人時，至少有個「底」、比較不會慌亂，也可以從核心理論的觀點出發來看問題；當然諮商師也需對其他理論嫺熟，因為諮商是為當事人「量身打造」，而不是只依循諮商師自身的理論來因應或框架。

傾聽注意事項

「傾聽」是非常重要的能力，尤其是面對兒童或青少年族群，因此諮商師的首要訓練就在於「會聽」，此外很重要的是：

（1）不要問太多問題，讓當事人做主角。

（2）專注傾聽時，要先去除環境中可能有的障礙（包括電話或是噪音的干擾）。

（3）專注傾聽時，不要去想待會兒要問什麼？當事人為什麼會講這些？而是順著當事人所說的進入狀況。

（4）傾聽是因為想要真心去了解當事人，這樣的態度很重要。

（5）傾聽時不是光注重口語的訊息而已，還要注意觀察「非語言訊息」（如肢體、姿勢、表情、眼神等），會讓諮商師的資訊收集更周全。

（6）如果諮商師專注傾聽，就會在適當的時間提出適當的問題。

（7）當事人只有在認為諮商師理解之後，才會聽進去諮商師所說的話。

（8）不要怕沉默，沉默在諮商中有不同的意義。有些諮商師很怕尷尬或沉默，結果就說了太多話，會讓當事人很疲憊，也容易起反感。

小博士解說

所謂的「個案概念化」，是一個持續進行整合與解讀資訊的過程，其目的是要超越案例摘要或事實之外，對當事人做更深入的了解。（Okun & Suyemoto, 2013, p.4）

一般個案概念化需要收集的資訊（Corey, 2013, pp.16~18）

需要收集的資訊	說明
個人基本背景資料	姓名、性別、年齡、外觀、種族、社經地位、婚姻狀態、信仰、轉介來源等。
目前呈現的問題	當事人的主訴問題為何？他／她想要尋求協助的立即性問題為何？
目前生活景況	婚姻與歷史、家族資料、最近的搬遷情況、經濟情況、法律問題、基本生活、衝突、支持系統、人際關係等。
心理分析與評估	當事人一般的心理狀態為何？成熟度如何？有沒有影響當事人生活的不利因素？情緒狀態如何？當事人對自我的看法如何？有沒有意願或能力準備好要改變？也可使用一般標準化的心理測驗。
心理社會發展史	有關當事人呈現問題的發展與病因。
健康與醫療史	當事人的醫療史為何？上一次看醫生是什麼時候？結果如何？最近有無創傷或是忽視所造成的一些明顯證據？當事人整體健康情況如何？有無服藥？服藥情況如何？
工作適應情況	當事人想從事的工作為何？對目前工作的滿意度如何？工作對當事人來說有什麼意義？有無未來計畫？目前工作的優勢與劣勢為何？如何安排休閒時間？其家人對其工作有何看法？
危險性	當事人對自己與他人有無危險性？有沒有想過自殺或傷害他人？有沒有自殺的計畫或傷害他人的計畫？如果有，自殺的工具為何？之前有無自殺的企圖和對他人有暴力的行為？
目前人際關係	當事人與重要他人以及其他社會支持網路的關係如何？性功能以及對家庭的信念與價值觀如何？對關係的滿意度如何？當事人的主訴問題與他人有衝突嗎？當事人如何處理這些衝突？當事人可自他人身上得到哪些支持？
當事人目標	當事人想要在治療中完成什麼目標？如果目標達成之後，當事人的生活情況會有什麼不同？
摘要與個案形成	簡述當事人主要的防衛機制、核心信念、當事人自我定義目前的問題、當事人的優勢與挑戰為何而做成的評估。主要的建議為何？治療處置的焦點為何？還包括治療的次數與以及時間長度。

 無效的傾聽（Adler & Towne, 2002，黃素菲譯）

假裝聽　表面上看似專心，但是沒有用心。

自戀式傾聽　總是將話題轉到自己身上，聽別人說話只是過渡，想要趕快輪到自己說話。

選擇性傾聽　只選擇自己有興趣的部分做反應、其他則忽略。

隔絕性傾聽　擺明了根本就不想聽，連肢體動作表現出來的也是如此。

防衛性傾聽　以為他人所說的都是要攻擊或批判自己，也就是帶著偏見在聽。

埋伏性傾聽　像間諜一樣偵測對方，想要聽到「言外之意」。

魯鈍傾聽　只接收到表面意義、沒有去思考深一層的涵義。

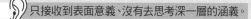

6-3 兒童及青少年諮商通則（續二）

怎麼問問題

聽懂之後，接下來諮商師要學習怎麼問問題，而且是問對的問題。問問題主要是收集資訊之用，許多新手諮商師常常問「太多」問題，好像是在「審問」當事人，當事人會認為諮商師在沒有聽懂之前就發問，覺得自己不被尊重、或是認為諮商師不想要了解自己的處境，往往就會在第一次晤談之後就不再出現，這就是諮商師用「問題」嚇跑當事人的情況。

一、用詞簡潔，不要一下子問太多問題

使用當事人可以了解的語言。諮商師使用語言時，要注意當事人的年紀與反應，有時候當事人懾於成人的權威，即使聽不懂也不會發問、含糊帶過，這樣不僅容易有誤解，也讓當事人覺得不被了解，因此，有時候還需要將話語以不同的用詞重新說一遍。此外，不要一下子問太多問題，容易搞混當事人的思考，而當事人也覺得被「拷問」而不是滋味！

此外，也不要問令人混淆的問題。比如說都是負面的問題：「你不覺得自己不想要來這裡？」「如果不是今天，你不會想要怎樣？」這樣的問法連諮商師本身都很困惑吧？

二、問開放性問題

我們常常會用「閉鎖性」的方式問話，像是：「你／妳吃飯了沒有？」「你／妳要不要坐下來？」雖然看似有「選擇」（吃了或沒吃、要或不要），但是非常有限，也局限了對方的回答。諮商師通常要從當事人那裡獲取許多資料，因此儘量不要以「閉鎖性」的方式問話，而是用開放答案的方式：「今天想談些什麼？」「今天過得如何？」

當然在面對年幼兒童時，或是諮商師預料有可能的危機（如當事人有自傷或自殺的危險性）時，就不要用開放性問題，而是直接針對問題發問，如：「你／妳想要傷害自己嗎？」「你／妳說過怕有人受傷，指的是什麼？」偶爾也可用列舉選項方式（如：「你／妳會覺得難過、傷心或生氣嗎？」），讓當事人做選擇。

有時候碰到青少年，他們也常常以「不知道」來回應許多諮商師的問題，不妨使用其他的方式，像是：「如果你／妳知道呢？」「想像一下你／妳是在那個情況下，你／妳會怎麼做或說什麼？」如果當事人還是堅持以「不知道」來回應，就改採其他方式進行，不一定要用問的。

三、問具體的問題

有時候當事人表達得不是很清楚，或是諮商師聽不懂，就進一步問明白。例如：

當事人：「我最近覺得不舒服。」

諮商師：「怎樣的不舒服？是身體上的、還是心理上或情緒上的？」

如果諮商師設想自己站在當事人的立場可能有的感受，甚至想法或行動，都可以進一步探問。例如：

諮商師：「聽到你／妳的經歷，真的很難想像要怎麼熬過來。我不知道你／妳在這當中，有沒有想要『結束』這一切？甚至有傷害自己的念頭？」

當事人若有輕生或傷害他人的念頭，往往是壓抑下來、感受非常痛苦，倘若諮商師可以問「對」的問題，通常壓力就在當下釋放了大半，接下來就可以好好跟當事人談怎麼解決問題。

兒童諮商提問注意事項
（整理自 Henderson & Thompson，2015/2011, pp.3-17~3-19）

不要過度引導，
這樣反而
霸占了晤談的焦點。

要聽見陳述裡的
重要議題（如家人關
係）、不要忽略。

不帶批判、
譴責的口氣。

將問句變成
陳述句。

採用適當的
開放性問題。

勿重複孩子聽不懂
的問題，而是改變成
兒童容易理解的說法。

多做傾聽
與摘要。

小心使用「為什麼」
的問題，容易讓人有
責怪的意味。

 兒童諮商一般技巧（整理自 Henderson & Thompson, 2011, pp.3-6~3-7）

技巧	目的
技巧 隱約的鼓勵（如點頭、「嗯哼」、手勢）	**目的** 表示諮商師在聽，也鼓勵兒童繼續說下去。
技巧 複述（使用兒童用過的語詞、重複一次）	**目的** 表示聽見，也抓出重點。
技巧 重述（以諮商師自己的話，將剛才所聽到的簡述一次）	**目的** 表示聽見，也抓出重點，並做確認動作。
技巧 摘要（將剛才兒童所說做重點敘述）	**目的** 可用來回顧、指出重點，或讓兒童有機會聽見他們與諮商師分享的內容。
技巧 澄清	**目的** 釐清意義或確認。
技巧 知覺確認	**目的** 確認諮商師所獲得的資訊是否正確。

6-4 兒童及青少年諮商通則（續三）

四、可以善用比喻或比方

有時候當事人不太清楚要怎麼表達，也可以鼓勵其用譬喻或是打比方的方式，像是：「你／妳說心裡沉甸甸的，像一塊石頭壓著還是…？」「如果說你／妳們之間的關係像什麼，你／妳會怎麼形容或打比方？」

繪本的用途也在於此，許多孩子無法用自己的話，精確地表達自己的感受或想法，但是藉由繪本或是影片故事方式，讓孩子可以將自己投射到書中或故事中的角色裡，讓諮商師更了解他／她，而當事人也可以從故事主人翁的經驗裡學到自己不孤單或可以運用的解決之道。

五、可以使用手偶或演戲／
　　角色扮演的方式

無論是兒童或青少年，都比較喜歡做活動，也許使用一些玩具、玩偶或是積木等協助，當事人就可以表達出來，而不受限於語言的方式。當事人會將自己投射在某些角色裡，可以藉此詢問一些相關問題，像是：「如果你／妳也像這隻小熊一樣被誤解，你／妳會怎麼做？」或者是以手偶、演戲的方式，將想要問的問題藉由臺詞說出來，像是：「好痛，你／妳為什麼要這樣？」

兒童與青少年對於創作的戲劇較有濃厚興趣，也願意去創發、衍生故事內容，

雖然有時候不免無厘頭，但是輔導老師不必介意，這就是他們這個年齡會出現的情況。藉由演戲與排練，他們可以設身處地站在他人的立場，接著的討論更能夠深入主題，也比較聚焦、有意義。

六、少問「為什麼」

一般較常問的是「是什麼」、「怎麼樣」（如何）、「什麼時候」、「在哪裡」，有些學派認為，若問「為什麼」是企圖去找原因，但是有時候原因太多或不明，另一方面也是鼓勵當事人找藉口、逃避責任。然而，有時候問「為什麼」可以進一步了解當事人的想法或動機，也是不錯的方式。

七、使用牌卡或遊戲媒介

諮商師或輔導教師可以藉由遊戲或市面上的一些牌卡做媒介，讓學生當事人在遊戲中讓自己鬆懈下來，諮商師也可以從與學生的遊戲互動中，觀察與蒐集學生之相關資訊。雖然不一定每位諮商師或輔導教師受過系統的遊戲治療訓練，但是至少遊戲是兒童學習的方式之一，可善加利用。現在的數位時代，學生或許會要求玩手機或電腦遊戲，諮商師就需要去考量是否適當。使用牌卡也是一種溝通的方式，通常牌卡也可以提供有關當事人的資訊，而且是在不清楚或曖昧的氛圍中，當事人較無防衛。

小博士解說

了解現在孩子熱中的遊戲或電腦遊戲，也是與當事人親近的方式之一，只不過諮商師或輔導教師不一定了解那些遊戲，抱持著好奇、想了解的態度，聽聽當事人怎麼說，也讓當事人有舞台發揮，諮商師若有機會，也可藉遊戲中的人物與技巧，用來了解當事人，或是做為介入處置的方式。

兒童抗拒的反應（Henderson & Thompson, 2011, p.3-9）

 拒絕說話、拒絕分享任何重要的事情、否認問題的存在以及談論無關緊要的話題。

 避免與諮商師有連結（如避開眼神接觸）。

 遲到或缺席。

 展現負向的肢體語言，說話帶有敵意。

 以明顯行動拒絕合作（如躲在家具後面）。

 化解兒童抗拒的步驟（Henderson & Thompson, 2011, pp.3-9~3-10）

Step1 與兒童建立良好關係，讓兒童覺得諮商師是關懷、保護、安全的，而且「跟他們同一國」。

Step2 兒童會覺得被要求來諮商等於失去了掌控權，因此諮商師儘可能提供兒童選擇的機會，以彌補其控制的需要。

Step3 將諮商室營造成一個友善、舒適、放鬆、安全的空間，有一致性、限制性及可預測性，便可增加兒童的安全感，因此諮商日期與時間應該固定，但也必須顧及兒童受教權，因此，如以同一天一個上午的四個時段和一個下午的四個時段來調動的話，應該也可以吻合此需求。

Step4 兒童需要了解什麼是諮商，以及他們對諮商可以有什麼期待。

6-5 兒童諮商過程注意事項

當事人的抗拒是自然的

沒有人希望讓別人看到自己的脆弱或不好之處，一般人對於求助會有抗拒，兒童當然也不例外，況且在諮商與輔導的汙名尚待去除的目前，許多學生將「輔導室」視為「問題人」中心，當然非有必要，不願意與輔導室或諮商師牽連在一起。其次，面對一位不熟悉的陌生人，即便對方是專家，也不願意談自己私事，更何況是難堪之事，因此抗拒是很自然的。有時候當事人會對於自己無故被轉介來做諮商很反感，會將怒氣發在諮商師身上，諮商師不必介意，不要將其「個人化」，反而需要正視當事人這樣的反應、表達理解，也讓當事人有選擇機會（如：「談個五分鐘，好對某位老師交代。」）。

善用「立即性」技巧

「立即性」是用來描述當下情境中觀察到當事人的情況，以及治療關係，因此較沒有威脅性。像是：「從剛剛進來到現在，你會不時地看看門口，是擔心什麼嗎？」「提到你父親時，你的手緊握了一下，你有沒有注意到？」「我發現你會看我一下、然後閃掉，我這樣會讓你不舒服嗎？」

適當使用挑戰或面質

有些諮商師很擔心當事人不再出現，所以很小心問問題，但是有些問題應該問的卻沒有問，也許就會讓話題不深入，甚至不得窺其堂奧。適當地使用挑戰與面質，可以收到不錯的效果，像是：「你/妳之前曾經提到很喜歡這位同學，今天的感覺不一樣了嗎？有什麼特別事情發生嗎？」「如果讓你/妳有機會重新再試一次，你/妳會有不一樣的做法嗎？怎麼做？」

以不同方式與當事人互動

除了輔導教師在諮商室裡預先準備的一些靜態活動（如撲克牌、棋類遊戲或大富翁等），諮商師也可以創發一些牌卡遊戲，或是將原先的傳統遊戲（如大富翁或尋寶圖）做一些改造（像是將大富翁裡的「機會」或「命運」換上一些可以簡單回答的問題、或是與當事人相關的背景資料及問題），這樣玩起來也有意義。要注意的是，孩子重視「公平性」，因此不要只設計成孩子需要回答問題而已，諮商師也要相對地回應問題，讓當事人不覺得自己被質詢或拷問。兒童或青少年對於「面對」成人或威權人士，總是會焦慮或擔心，因此讓他們手中把玩一些東西（如筆或手鍊或其他小物品，但非手機或電腦）是可以的，藉此分散他們的焦慮不安。諮商師也可以設計一些「未完成」句子，讓當事人試著去填寫，使用「語句接龍」或「故事接龍」也可以，或是採用畫圖（屋樹人、自由畫或是特定主題等）方式，也能得到想要收集的資訊、與當事人建立關係，若當事人不喜歡畫畫或寫字，也不要勉強。

走出輔導室或諮商室

兒童與青少年不喜歡成人威權及機構式的地點（如辦公室或輔導室），因此輔導教師或諮商師不要以輔導室為唯一會談地點，若可以走出諮商室，在校園散步、盪個鞦韆，或是丟丟球，可以藉由地點的改變或活動，讓彼此輕鬆一些，反而容易進行對話。當然也要注意男女性別的不同，因為男女性社會化過程不一樣，女性被鼓勵表達，因此言語互動上較無問題，但是男性被教育要「少言」或「沉默」才顯出男性氣概，因此藉由一些活動做媒介，可讓諮商更順暢。

沉默的功能（整理自Henderson & Thompson，2015/2011, p.3-19）

給兒童時間釐清自己的感受與想法。

給兒童準備時間。

給兒童時間去思考該如何回應。

諮商師可試著反映兒童沉默的意義或原因。

 諮商師提供建議的優劣

優點

緊急情況時可立即處理。

提供當事人建議或修正有效的處理方式。

若當事人主動要求，其遵循率較高。

缺點

可能會讓問題惡化。

不是當事人要求的，給了建議不一定會遵守。

諮商師因為當事人不聽從建議而生氣或認為當事人不合作。

造成當事人的依賴。

可能暗示當事人的無能。

＋ 知識補充站

諮商並不限於諮商室內，在學校服務的諮商師更需要「走動式」的諮商，也就是主動去接近潛在的服務對象，與他們談話、認識諮商師，有需要時可以做短暫談話，了解需不需要進一步協助。

6-6 兒童諮商過程注意事項（續一）

運用偶像與其他重要他人或有用資源

孩子所崇拜的偶像（歌手、球員或電影故事中人物），也都可以在適當諮商過程中善加利用。像是「如果 Kobe Bryant 在這裡，你想他會告訴你什麼？」孩子通常會因為喜愛偶像的加持，而願意努力做改變或堅持下去。

此外，同儕諮商（peer counseling）也是不錯的方式，然而同儕諮商需要加以訓練，不是短時間可以竟其功，因此邀請一些有經驗的「過來人」（如輟學生）擔任「顧問」，請其協助，通常這些過來人所分享的話，比諮商師更具效力！（這也是敘事治療師會用的一種方式）。

從當事人之外的更大脈絡與影響來思考

諮商不單是以一對一的（個別諮商）形式進行，而是需要結合其他專業的共同合作與努力，因為諮商的目的就是試圖讓當事人的生活更適意。年紀越小的孩子，常常因為發展與資源受限，也局限了其解決問題的能力與效果，加上孩子通常是突顯問題的「代罪羔羊」（而非問題本身），因此只是針對孩子做處理，往往看不到效果，因而將相關資源或重要他人連結起來協助當事人，可以讓諮商更有成效。

有時候即便當事人改變了，但是一旦回到自己家中或社區，其改變會受到極大阻力，也無法發揮效能，因此改變環境也是需要考慮的，只是改變社區或環境難度太高，有時候就必須要將當事人遷移該地或處所。

適當地使用自我揭露

諮商師的一個重要功能是「提供當事人另一個思考的窗口」，從不同角度看事情，也給當事人不同的思考方向。諮商師使用適當的自我揭露（也就是分享自己的感受、經驗和想法），可以鼓勵當事人也做同樣的自我揭露；諮商師分享自己的經驗，讓當事人覺得自己不孤單，因為也有人遭遇類似情況；諮商師自我揭露成功經驗可供當事人參考、試著用來解決當事人自身的問題。

當然，所謂使用適當的自我揭露，也就是提醒諮商師過多或過少的自我揭露，甚至時機不對，其效用就會大打折扣。諮商師的自我揭露不應該是諮商過程中的主要項目，有效的諮商師會去思考這樣的自我揭露可以達到協助當事人的目的嗎？諮商師的過度自我揭露，也可能會被兒童和青少年視為脆弱或無能的表現；反之，諮商師過少的自我揭露與分享，會增加諮商師的神祕性，讓當事人覺得不可靠近或不可信任，當事人或許會想：「如果你／妳都知道我這麼多事情，可是我卻對你／妳毫無所知，這不是很不公平嗎？」有時諮商師自陳的失敗經驗，可能會讓當事人覺得「無能」，或被當事人「反嗆」（如：「你自己都這樣了，還能幫我什麼？」）諮商師不必將其「個人化」（認為當事人是刻意貶損自己或挑戰權威），反而可藉此感謝當事人的同理（「是啊，當時我就是這麼覺得！」），也謝謝當事人的提醒，然後告訴當事人自己自此失敗經驗中所獲得的（「所以因為有過這些經驗，我現在反而不太擔心別人看我的眼光。」）。

諮商師自我揭露的優缺點
（Henderson & Thompson，2015/2011, p.3-17）

缺點
諮商師若太過認同兒童的困擾，可能失去客觀性。

優點
諮商師誠實坦白自己的想法與感覺，能鼓勵當事人自我揭露。

優點
兒童可以從模仿中學習，從別人的經驗中學到解決自己問題的方法。

缺點
當事人尋求諮商是為了自己的問題，而不是為了來聽諮商師的困擾。

優點
當事人知道諮商師也會有類似的適應困難，就能更自在地討論自己的問題。

缺點
諮商過程可能會變成發牢騷及抱怨問題而無助於個人成長。

優點
諮商師可以是當事人的學習典範。

✚ 知識補充站
　　「同儕諮商」是運用同儕或同學相處時間較多，彼此之間會較熟悉或信任，也較容易先發現不對勁或異於平常的情況，可以試著協助了解，進一步通報相關單位或負責人。

6-7 **與兒童建立關係的方式**

姿勢的象徵意義

一般情況下，兒童對成人是有所顧慮或畏懼的，因為成人的身高與威權本身就是威脅，加上成人不太相信兒童，因此在與兒童相處時要注意位階與權力的因素。與兒童平起平坐、不要站著低睇兒童，甚至可以蹲下來進行對話，可以鬆懈兒童的防衛。

玩耍

工作、玩樂與愛是人生三大要務。兒童的重要工作之一就是玩耍與遊戲，從遊戲中兒童可以經由角色扮演學習社會（與人互動）與生活的一些技巧、發洩自己的情緒、學會容忍挫折、從錯誤中學習等。遊戲的功能是可以協助孩童與成人將現實暫時擱置，允許孩童可以用「假裝」的方式來滿足生活需求；孩童經由遊戲來探索世界、與人互動與了解自己；遊戲也可以用來娛樂、放鬆、表達創意與豐富生活。因此即便與兒童做治療，遊戲也是不可或缺的媒介，有遊戲治療證照者可以使用此治療技術，而一般的諮商師或輔導教師則可用遊戲做中介，減輕兒童的壓力，可與兒童建立關係、在遊戲中對話，在遊戲中觀察兒童、收集相關資訊，甚至利用遊戲建立孩子的自信與規範習慣（潛在學習）。

諮商室裡的布置與零食

諮商室裡可以放置一些玩偶、具有童趣的畫或兒童作品，也可以準備一些玩具（但若太多則可能分散兒童注意力，不妨收藏起來），讓兒童進來諮商室時，可以放鬆自己、不覺得有壓力。此外，可以準備座椅與乾淨地板，兒童可以選擇自己要坐的地方，而諮商師也可以做適度配合。中年級以下的兒童喜歡一邊玩一邊說話，諮商師可以容許他們手邊把玩一些玩具，同時進行治療；高年級以上學生，手中可能也習慣把玩筆或手機，只要不是在看手機內容，也都可以接受，不要以為他們會因此而不專心。零食可以減輕焦慮（也要注意零食的選擇，不要有太多色素或太甜／鹹的），對兒童與成人都是如此，有時候只是準備一杯水就可以，讓兒童知道自己是被尊重的。

走出諮商室

兒童諮商不一定要在諮商室裡進行，年幼的兒童喜歡跑跑跳跳，也可以帶他們到操場或遊戲區去玩，即使是一起盪鞦韆，也可以做好諮商工作。有時候在校園散散步，可以舒緩兒童與成人相處的緊張情緒，而且這樣談話也較無壓力。

考慮兒童的性別

不同性別的兒童可能在諮商室裡的表現不一樣。女生比較容易談話，男生可能受制於社會文化對男性的要求（多話就像「婆娘」），加上較無語言上的訓練，因此要談話較困難。男生喜歡活動，倘若可以先跟他下個棋、玩撲克牌或是遊戲，甚至接個球，在活動進行中就可以開聊、獲得資訊。當然喜不喜歡用言語表達還是有個別差異，不一定只是性別因素造成。

姿勢的象徵意義

**成人站著
小孩坐著**

距離與教師的
成熟度造成壓迫

**成人坐著
小孩站著**

教師的威權
造成壓迫

**成人與小孩
都坐著**

平起平坐、
不造成太大壓迫

**成人蹲著
小孩坐著**

減少位階差異
孩子也較放鬆

可能的性別刻板印象或行為（不限於此）

♂ 直接　主動　強硬　獨立
展現力氣　表現行動
支配或主宰　冷漠中立
解決問題　勇敢　競爭　誇張
強壯　會運動　沉默

♀ 間接　被動　妥協　依賴
展現溫柔婉約　口語溝通
配合或被動　情緒化　抒發情緒
友善　退讓　含蓄　柔弱
運動能力較弱　較多話

＋ 知識補充站

　　小學階段的老師以女性居多，學生或許對於諮商師的性別較無要求，青春期之後對於性別刻板
印象非常明顯，諮商師有時候也要留意相關的性別意識與資訊，以吻合當事人的需求。

6-8 兒童諮商資料收集方式

觀察

是最重要且便捷的途徑。諮商師在學校的觀察，結合家長在家中觀察所得，可以了解兒童較為全面的情況。輔導教師在課堂上或下課時做這樣的觀察與記錄，也從兒童其他任課老師那裡獲得詳細資訊。可以觀察兒童喜歡上什麼課？做怎樣的活動？班上同學對他／她的態度與觀感如何？有沒有較好的朋友？與人聊天的話題為何等等。

畫圖

絕大多數的兒童喜歡繪畫（當然也有不喜歡繪畫的），從兒童繪畫的色彩、構圖與內容，可以猜測出兒童目前的遭遇與心境，而在畫圖過程中的觀察也很重要。兒童所使用的色彩較為鮮豔（如大紅色、黃色、天藍等），倘若兒童所使用的色彩較為晦暗或特殊，就需要留意。許多老師喜歡問兒童家中的成員，但是年紀小的兒童可能還分不清原生家庭與延伸家庭成員的區別，不妨讓兒童畫「家族圖」（全家在家裡做些什麼），然後請兒童做解說，可能得到的資訊較為完整與正確。臨床上也使用畫「屋樹人」的方式來看兒童的人格與發展，這需要有專業的訓練才可以解讀，以一般常識來看，也可以獲得一些重要線索。

語句完成

三、四年級以上的兒童有時候可以採用「語句完成」（或「接龍」）的方式（書寫或口說）來獲得資訊。所使用的語句不要太複雜，簡單的「我喜歡…」、「我怕…」、「最討厭…」開頭的句子就可以，當然也可以採用句中連接詞（如「…所以…」）或句尾詞（「…很快樂」）來進行，主要是看諮商師想要獲取的資訊為何？

表達性媒材與其他

除了用繪畫、自畫像等表達性藝術之外，還可以藉由演戲或狀況劇、表演、肢體動作、遊戲、手偶、繪本、故事書、媒體、歌唱、音樂、活動、舞蹈、敲打樂器等進行，都可以從中一窺兒童的情況。兒童語彙能力有限，常以行為表達，需進一步探查其動機與意圖。只要能用、有創意，就不限於此。

採用閱讀的方式是因兒童們很容易投射自身的情境到故事中的主角身上，藉此可以抒發情緒、了解自我、思考解決問題的方法，也具有療癒功能。此外還可用「想像」方式，兒童可以天馬行空盡情想像，簡單的像「我像什麼動物？為什麼？」演戲或角色扮演也很適當。兒童與青少年喜歡創意，諮商師可以充分運用這一點、設計一些可讓其發揮的空間，除上所述，還可運用閱讀治療、大自然遊戲、寫作等，只要諮商師很清楚自己的目的就好。

將家長納入

兒童在學校的時間不比在家裡時間長，而家長們的協助力道更佳，因此儘可能將家長納入，讓他們清楚自己孩子的情況、給予適當的協助或鼓勵，尤其許多兒童所擔心的事情通常與家庭有關，家長與學校的溝通越通暢，兒童受益越多！

發現潛在的當事人

倘若可以讓一般教職員工都注意或留意兒童的一些可疑徵象，發現需要協助的當事人，進一步轉介或舉報，就可以讓學生受到照顧與協助。

一個可能需要協助案例的發現以及處理流程

教師與家長的觀察、比較與發現（與同儕）不同 → 標準化評量 → 精神醫師或專業人員診斷

追蹤與評估 ← 心理衛生專業人員的團隊合作（有時需要藥物與諮商同時進行，或需要社工人員做基本生活的援助）

觀察內容例舉（不限於此）

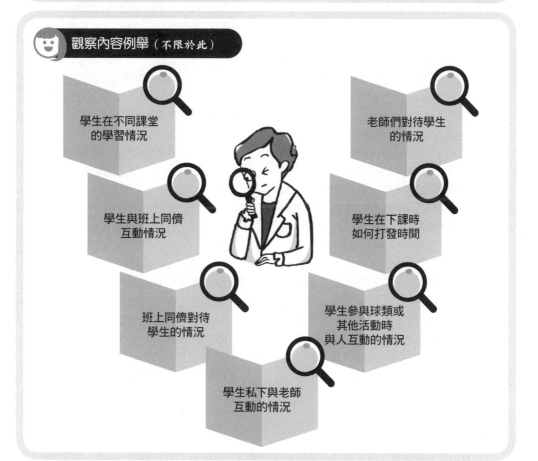

學生在不同課堂的學習情況

老師們對待學生的情況

學生與班上同儕互動情況

學生在下課時如何打發時間

班上同儕對待學生的情況

學生參與球類或其他活動時與人互動的情況

學生私下與老師互動的情況

✚ 知識補充站

「觀察」也是收集寶貴資訊的一個管道。學生在不同教師的課堂上表現會有不同，與同儕相處的情況也有異，或許有學生在班上看似沒有朋友，但是下課時與其他班級同學相處得還不差。觀察可以讓諮商師看見學生的人脈資源、與人相處的方式等。

6-9 正向管教替代懲罰

輔導教師也需要有教學與班級經營的理念，因為其工作是教育的一環，除了配合教學，主要是讓學生可以有效學習、發揮潛能，也可以成為學校教師知能學習的部分內容。不同教師有自己獨特的班級管理信念，所造就的班風因而有差異，現在的家長也很注重孩子的學習與發展，因此快樂學習、「零處罰」就成為目前教育的首要重點。雖然輔導教師不能插手班級教師教室管理的情況，但是當班級或科任老師有教育或與學生之間的關係問題，還是可以扮演「同儕諮詢」的角色，甚至與老師商議要如何改變班級與學習氣氛。

現在因為少子化、科技進步及價值觀不變之故，不少教師也面臨許多教室管理或是師生關係的問題，學生與學生之間有所謂的霸凌議題，有些學校甚至有學生霸凌教師，發動全班違抗教師或拒絕學習的情況，不僅讓學生學習添加變數，有的還影響校方與家長的關係。

處罰只能暫時遏止該行為、卻無法根除，也會帶來許多不良的後果，包括：模仿「以暴制暴」的報復行為、破壞彼此關係、造成孩子低自尊與不安畏懼，也可能有嚴重後果（如受傷或虐待）。因此聯合國教科文組織就發起「正向管教」運動，讓學童學習尊重平等的態度、

採互惠原則與人互動，也使用正確的方式表達情緒（鄔佩麗、陳麗英，2010, p.234）。當然目前學生權益優先的情況下，許多教師已經不敢處罰學生，也有家長不願意教師插手學生行為管教與道德對錯的教導，教師就需要以更高的智慧發揮應有功能。

學校輔導老師需注意事項，包括：

（1）言行一致（行動比說話更有力）；學生也是很好的觀察家，會注意成人的誠實與否。

（2）本身的示範與楷模作用。

（3）注意權力位階與其影響（教師角色與諮商師的衝突）。

（4）留意性別刻板印象與偏見。

（5）耐心聽學生說完（給學生機會說完他／她的故事，尤其是與家長一起出席時）。

（6）注意報告家長與導師（或轉介老師）的內容（保密原則與取得信任之間的平衡）。

（7）了解兒童目前流行的遊戲、電視節目與偶像，可以從這裡開始聊起，也是了解學生之鑰。

（8）適當的幽默，也減少了學生對輔導教師的威權感。

（9）少用「為什麼」，多使用觀察、猜測語氣、問「是什麼」與「怎麼樣」。

小博士解說

兒童與青少年當事人常常會用一些舉動或行為來測試與諮商師的關係。因此，諮商師不需要將他們的行為「個人化」——認為是針對自己而來——而引發不必要的情緒、阻礙諮商的進行。在諮商的過程中，也應有一些「界限」或「限制」的設立，這些界限主要是依據「現實」與「安全」的原則。（Smith-Adcock & Pereira, 2017, p.110）

「正向管教」的原則與重點（引自鄔佩麗、陳麗英，2010, p.235）

原則	理由
目的在於讓孩子學習自我內化管理	「自律」行為不需要藉外力約束，效果較持久。
針對行為而非個人	將「人」與「問題」分開，較容易改善。
注意正向、可欲的行為	看見也肯定個體的優勢，因為每個人都需要被看見、被認可。
與孩子共同討論要遵守的規則	一起商議的結果較容易遵守，也將孩子的意見納入考慮。
前後一致、堅定的引導	一致的態度才能奏效，堅定而不需要「嚴厲」。
肯定也尊重孩子	每個人都需要被認同，語氣要特別注意。
非暴力的語言與行為	做最佳行為示範，也展現了情緒智商。
回應方式直接且符合邏輯	這是與處罰最大的區別。
傾聽與示範	最基本的尊重就是從傾聽表現出來，孩子被聽見、了解之後，才有可能接受建議『不教而成謂之虐』適當的教導與說明，孩子才會學得正確、又有自信。
不當行為若造成損失，應有適當之補償動作	這是教會孩子「負責」的表現。
將錯誤當成學習的機會	許多學習都應該有「第二次」機會，而不是一次就要求完美。

評估諮商結束的指標

（Henderson & Thompson，2015/2011, p.3-22）

- 兒童是否更開放？
- 兒童是否更獨立、更自主？
- 兒童是否能為自己的感覺和行為負責？
- 兒童是否變得比諮商開始時較不害怕、較不焦慮、較快樂？
- 兒童是否對自己或他人更有包容力？

✛ 知識補充站

　　輔導教師對於兒童與青少年特有的文化（所謂的「次文化」）要有所了解，包含他們慣用或創新的語言，喜歡的遊戲或休閒活動，崇拜的偶像與樂團，以及目前流行的日常活動（像是交換日記）。不必刻意使用他們的語言、企圖融入他們，而是可以站在「不知」的立場、虛心討教，他們也會願意分享。

6-10 針對兒童諮商的其他重要提醒

國小階段輔導要訣

陪伴與傾聽、平權與尊重（姿勢有其象徵意義，若能讓學生感受到權力地位的平等，他們更願意傾吐自己的心事）、適合發展階段的語言及活動、注意性別差異、玩耍與創意的發揮、看見兒童的優勢與資源、同理心與內在參考架構、取得重要他人的了解與協助。

有的孩子不敢獨自一人面對成人，讓他／她「攜伴參加」諮商也是可行之道。有時候一些孩子有共同的議題（如不知如何與班上某位同學相處），就可以與這幾個人一起約來談話、共同解決問題。

不一定以轉介者目標為目標

諮商目標不一定以轉介者（如教師）為主（如要學生準時交作業），來談的學生才是主體。因此，不妨先將轉介單放在一邊，仔細聽聽孩子說什麼？孩子有他／她的故事與想法需要被理解、被看見、被接納，這也是輔導教師與一般教師極大之不同（較站在平權、或是學生的立場）。有些轉介目標或許緊急（如自傷或有自殺意圖），當然就需要就該議題做認真討論，然而有些學生的行為（如未能準時完成作業），可能級任老師（認為學生不積極、不負責）與輔導老師（認為學生可能因為能力不及或有其他因素）的考量會不同，但是級任與輔導老師可以尋求公約數——目標是讓學生學習與生活更好、更愉快，就可以有許多溝通與協調空間。例如曾有一位班導轉介來的一位小四女生，說她因為身上有怪味、在學校人際關係差，輔導教師發現小女生是隔代教養、一個人要負責用手洗全家四口的衣服，但是因為力氣小，有時候不知道衣服尚未乾透就拿來穿，所以身上才有一股怪味，也可能因為身上的味道、讓其他同儕不願意與她親近，於是就請阿嬤來商議、教會女孩如何使用洗衣機、分辨衣服乾透的方法，這樣一來也解決了她的人際問題。

尋找與發展自己的諮商型態

諮商師要去找出適合自己的諮商型態（自己喜愛的，或能解釋自己生命經驗的）、且深入了解與探究，這樣自己在面對每一位當事人時都會有個核心指引、知道將當事人帶往何處，雖然諮商是為當事人量身打造的「客製化」服務，至少使用自己的核心理論做切入點，就可據此慢慢尋思出適合當事人的處遇方式。

小博士 解說

健康使用數位產品習慣：
- 使用什麼、在哪裡使用、使用方式與時間、跟誰一起使用都要規範。
- 與孩子共同觀賞。
- 限制使用數位產品時間（假日尤其重要）。
- 以身作則（家長自己使用數位產品的習慣也要與對孩子的要求相同）
- 增加與孩子一起的體能運動、與大自然接觸、與人接觸機會。
- 了解孩子上網做什麼並與之開放對話。

國小階段學生常遭遇的問題

- 人際（心理健康的指標）
- 家庭（功能與結構、暴力、爭執）
- 暴力（包括目睹犯罪、霸凌）
- 學習（壓力、障礙、科技入侵）
- 社交技能缺乏或害羞
- 個人身心挑戰議題
- 自我中心與寵溺
- 親師溝通——「診斷與確認」的障礙——怕被貼標籤、父母親的擔心

 發展自我諮商型態注意事項（Halbur & Halbur, 2006, p.21）

注意事項	說明
發現自我	自我覺察與探索、知道自己要的是什麼、生命哲學為何？
清楚自己的價值觀	知道什麼對自己是重要的，也努力捍衛。
探索自己喜愛的理論為何？	這些理論觀點與自己的性格速配，也可以解釋自己的生命經驗。
運用自己的性格	性格與所選擇的諮商型態息息相關。
了解自己在臨床上的表現	將這些實務經驗錄音或錄影下來，可以協助自己找到理論的脈絡。
容許他人（生命經驗、生活觀察、與人互動及繼續教育等）激勵你的學習	讓自己持續成長，並對許多人間事更寬容、悅納。
閱讀原始資料或作品	可以接觸到原創者的基本思維、減少他人解讀的可能謬誤。
化為實際行動	在生活中實際運用。
與一位良師學習	良師可以是活生生的典範，或是存在歷史中的。
拓展自己的經驗	探索新的領域與經驗，抱持著好奇、探索的新鮮感。

6-11 針對兒童諮商的其他重要提醒（續一）

可能遭遇的倫理議題

輔導教師或諮商師所服務的族群是未成年人，就有許多的倫理細節需要注意，以免家長提告或違反專業倫理而傷害了當事人。以下就最常見者做說明。

一、輔導教師與一般教師角色不同 或有衝突

有些學校要輔導教師上課或帶班，其實就嚴重影響輔導教師的職權，也容易混淆角色與分際，增加輔導工作的困難度。儘管現在許多國小有專輔教師的配置，但是一些主校政者還是沒有清楚的概念，將專輔教師視為一般教師，這不僅讓輔導教師在面對當事人、工作項目與自身定位上覺得模糊，一般人對他／她的期待也會有落差。因此主校政者的正確觀念、支持輔導工作的態度與表現，還有專輔老師對自己工作與角色的定位及堅持，都是成功輔導工作所必須。

輔導教師在做學生諮商時，學生也較難將其角色做轉換（雙重關係、角色衝突），會將其當作是一般威權的教師、還會擔心教師之間的互通訊息（保密的考量），因此在建立治療關係上要多費心，而關係是持續在建立的，當事人也會偶爾測試與諮商師的關係。

二、知後同意

由於諮商師所服務的對象是未成年者，諮商服務往往需要經過兒童之監護人同意才可進行，這一點可以詢問校方如何處理？一般說來，有些學校在學生入學之初就已經請家長簽同意書（包括學校提供的各項諮商服務），有些學校認

為諮商是教育之一環，任何學校提供的服務都屬於教育範疇，不需要家長同意，有些學校是在進行活動前請家長簽字同意，若家長不同意就不提供服務。倘若諮商師認為諮商服務是必要的，不妨與家長誠實溝通，將利弊得失說明清楚，更重要的是，要站在家長的角度了解他們的關切與擔心為何，然後做適當說明及解釋。

三、保密的限制

兒童會擔心輔導教師與班導或轉介來的老師通訊息，因此不敢說實話，諮商師要明白告訴當事人其疑慮，以及保密的例外情況，其他就由當事人做決定；與教師討論當事人情況時也要在私下的場域。當事人往往也會擔心諮商師在紀錄上寫些什麼？不妨讓當事人過目紀錄，或是唸給當事人聽，徵求其意見或同意否。諮商師在做危機處理時，也要明確告知當事人他／她將如何進行？當事人可以隨時提問，諮商師也要確切回答。

四、注意涉入自己的議題

諮商師也是人，面對年紀較小的當事人可能也會有移情、投射的議題，有時對於當事人過度投入、有時卻不喜歡當事人，這些都反映了自我議題或未竟事務未做處理，而讓其浮現在諮商關係中；若諮商師自己沒有覺察，極有可能會傷害當事人。自我議題怎解？諮商師的自我整理、找諮商或治療師、進修、參與討論或課程、書寫紀錄、同儕督導等，都是很好的管道。

一般的專業倫理包含五個面向（Welfel, 2010, p.5）

將當事人福祉列為
專業人員最優先的考量

有足夠的知識、技巧與判斷力，
運用有效的處置

行為表現可以提升公
眾對專業的信心

尊重當事人的
尊嚴與自由

負責地使用專業角色
所賦予的權力

 重要倫理的面向

注意項目	說明	解釋
不傷害當事人	諮商契約是保障當事人權益。在治療進行過程中，第一個都要考量到對當事人是否有益？	諮商師需要有敏銳的危機意識及同理心，只要直覺上懷疑當事人可能（會）受傷，就要直接仔細詢問。基本上當事人來求助、自我強度較為脆弱，許多細節也都要注意，不能傷害當事人。
知後同意	任何有關當事人權益的事都要獲得其或（法律上無行為能力者，包括十八歲以下與身心障礙者）監護人之同意。	這是保障當事人與治療師的必備動作，包括簽訂諮商契約，需要錄音、發表研究報告或論文、使用新的治療方式或技巧時，也都需要簽訂知後同意。
保密原則	不傷害當事人與其他人的情況下，謹守保密原則。	保密是建立治療關係最重要的關鍵，然而也有例外（當事人自傷或傷人、任何人受傷的可能性）需要考量，也要讓當事人知道。
雙（或多）重關係	除治療關關係之外，其他有害於治療或當事人福祉的關係都不應有，因為諮商師是處於較有權力與地位的立場，關係處理不當就會造成傷害。	有些學派（如女性主義治療）對於治療之外的關係較無嚴謹規範，但是一般說來，關係越簡單越容易處理，也較不容易發生倫理議題。

6-12 **諮商前與諮商中需注意事項**

　　在學校做輔導工作，許多當事人都是教職員或家長轉介而來，也就是所謂的「非自願」當事人居多。輔導教師可能因此先入為主地認為當事人一定不合作，事實上可以用許多方式來與青少年磋商，若取得他們的合作，諮商效果就更佳。在進入諮商關係前與之後，有一些注意事項可以協助輔導老師進行協助工作。

進入諮商過程前

　　一、需先有準備：不管是事前的具體準備工作（如學生相關資料與訊息的了解及收集——包括家庭背景與行為問題等，對於此次諮商欲達目標所做的設計或使用媒介——如道具、遊戲、牌卡或繪本，或是先針對上次晤談紀錄做回顧與思考），以及進入諮商前的心理準備（包括：準備好要接案、情緒上的穩定、時間上不要匆忙等），諮商師都需要讓自己的這些狀態調整到最好（因此不建議連續接案）。

　　二、將「抗拒」視為自然的：青少年若是經由轉介管道而來，其抗拒是很自然的，即使是自己願意前來，也會有抗拒的情況，因為不知道眼前這位陌生輔導老師會怎麼看待自己？諮商師如何看待「抗拒」，有時候攸關諮商效果的成敗。把「抗拒」當成自然現象，不要將青少年的抗拒「個人化」（認為他們是衝著輔導老師而來），以好奇、寬容的態度接納，也不要因為當事人的突然舉止而被驚嚇到，將與青少年的「第一次見面」當作是難得的經驗，甚至是輔導老師可以學習的機會，這樣子做諮商就會輕鬆許多。

　　三、給他／她選擇的權利：倘若當事人不想留在現場，給予其選擇的機會，不必強留，因為這會破壞關係及未來晤談的可能性。

　　四、先留住他／她幾分鐘：非自願的當事人坐不住，會想要早點離開諮商現場。諮商師可以表明自己的擔心與焦慮（如「我也希望可以談短一點，不要留你／妳太久。」），也可以請教當事人擔心與害怕的是什麼？不要企圖留住他／她整節課，而是以調整、溝通的態度，留他／她五分鐘或十分鐘，這樣也可向轉介過來的老師或家長「交代」，通常青少年是願意停留若干時間的。倘若當事人堅持要離開諮商室，不需要勉強他／她，甚至說：「謝謝你／妳親自來跟我說你／妳不想來，也許下一次有機會，我們可以談談。」或者是把治療師在這幾分鐘接觸的時間內所看到的當事人優點告訴他／她，像是：「我認為你／妳是一個很負責任的人，即使你／妳不清楚為什麼來這裡，你／妳還是來了，而且也弄清楚來的原因。」讓當事人有初次愉快的諮商經驗，也可能打破其對諮商的汙名化或恐懼，下一次若要約談就較為容易。

小博士解說

　　對青少年／女來說，同儕是非常重要的資源，也是其定義自己的關鍵因素，因此可以使用「同儕諮商」（peer-counseling）的理念，訓練各個班上一、兩位同學，就可以在發現問題之初做介入或適當轉介。

與青少年諮商注意事項（Reid, 2011, pp.143~144）

- 不要從問題的歷史開始
- 避免對年輕人做負面的假設
- 協助認出特別的目標與行動
- 要平衡對問題的探索以及解決策略
- 提供短期成功的酬賞
- 營造出希望與樂觀
- 讓當事人注意到自己的特殊資源
- 避免充滿問題的故事
- 整合其他取向的技巧
- 著重當事人去尋求解答的創意
- 對當事人是可接受、且具有吸引力的方式
- 減少依賴的危險性

 大學生發展任務（Chickering, 1978, cited in Paladino & DeLorenzi, 2017, pp.350~351）

- 展現能力（智慧、體能與操作、人際）
- 表現自主與獨立（以及與人互賴）
- 管理情緒
- 建立身分／認同
- 發展整合性（有意識地整合自己的信念與行為）
- 發展成熟的人際關係
- 釐清與建立人生目標

＋ 知識補充站

　　面對現在的青少年／女，還需要考慮到科技網路的無遠弗屆及無孔不入，尤其是對於其社交關係的影響，像是減少了面對面的互動、久坐的生活型態、孤立與孤單、網路霸凌以及憂鬱及焦慮。（Selfhout, Branje, Delsing, Bogt, & Meeu, 2009, cited in Paladino & DeLorenzi, 2017, pp.358~259）

6-13 **諮商前與諮商中需注意事項（續一）**

五、從當事人的優點或是有興趣的事物開始：不要從轉介的「理由」開始（即所謂的「哪壺不開提哪壺」，除非緊急狀況），而是從當事人進入諮商室開始就進行觀察，把當事人表現出來的具體正向行為做出描述、並做適當的誇獎，像是：「你／妳其實可以不來的，但是你／妳還是出現在這裡，你／妳是怎麼辦到的？」「剛剛你／妳進來的時候喊『報告』喊得好大聲，讓人覺得很有精神！」

六、維持亦師亦友的關係：青少年為了「長自己」、讓自己與他人之間有所區隔，會為了反對而反對，尤其是面對成人時，有時候也會挑戰成人的權威，因此諮商師保持「好奇」與「不知」，甚至是「願意請教」的態度，比較能夠解除他們的戒心。然而諮商師也需要站在「教育者」的立場，有些界限需要堅持、有些則可以放寬，這些都可以與青少年商議、協調出一個雙方都可以接受的情況。此外也可以請教當事人要怎麼稱呼他／她？適當的尊重與不威權的態度，是維持良好治療關係之鑰。

七、找到真正的諮商目標：輔導老師有時候「認為」自己「應該」要達成將學生轉介過來的教職員的「期待」或「目標」，這一點很值得商榷，因為轉介人與諮商師看到的問題可能不同或解釋不一，因此目標會不一樣，況且許多教職員會將諮商師「神化」，以為諮商師無所不能！然而許多當事人的問題其實由來已久，也不是短短幾次談話就可以奇蹟式地解決。最好的方式是與當事人商議，看看可以妥協的目標為何？這樣也較容易取得當事人的合作與採取改善行動。

八、善用環境教育：有些青少年就是不願意談，這也無妨，請他們到輔導室擔任義工、協助一些事務，他們可以從輔導室裡人員的互動中學習到許多東西，也會慢慢接受諮商是可接受的助人方式。許多對世界帶有恨意的青少年，會從這些與人友善互動的歷程中，學習到人性的美善，進而修正自己的一些想法與性格。

九、感謝並肯定當事人：即使未能當下留住當事人晤談，也要以友善而堅定的態度，感謝並肯定當事人願意前來（不管是告訴他／她是一個遵守承諾的人，或是願意前來看看，甚至是好奇想了解諮商怎麼一回事），並將諮商師所觀察到的當事人優勢告訴他／她，這樣的態度可減少當事人的抗拒，倘若下一回再找他／她來，會減少較多阻礙。至少讓當事人對於來諮商或輔導室的經驗很愉快，也是不錯的開始。

小博士解說

女性的青春期在 9~11 歲間時開始，男性則是從 10~13 歲間開始，不管性別如何，青春期最明顯是在 12~14 歲時展現。（Dixon, Rice, & Rumsey, 2017, p.321）

青少年諮商訣竅——接觸的技巧 Part1（Hanna, Hanna, & Keys, 1999）

採取方式	說明	注意事項
提供點心	青少年正在發育期，喜歡吃東西，點心可以協助其放鬆，而提供食物也有心理學上所謂的「滋養」（nurturing）的象徵意義。	
不要有桌子	減少與青少年之間的隔閡感，也讓青少年可以感受到諮商師的真誠無偽。	
播放青少年熟悉或喜歡的音樂	音樂可以開啟話題，或者是作為背景、放鬆之用。	不要以諮商師的喜好為主，而是去了解當下青少年喜愛的音樂或歌手為何？也讓青少年教導諮商師一些相關的訊息。
談話時讓青少年手上可以把玩物品	青少年面對諮商師或成人時，會感受到其威權，因此容易不安，讓其手上把玩筆或是陶土之類的物品，他們會更容易專注。	不要求青少年眼神直視諮商師，因為對於位階較低者（青少年）直視位階較高者（諮商師）、容易有焦慮不安。
走出諮商室	光是說話，對青少年來說很痛苦，也難捱，尤其是青少年男性。走出諮商室、散個步或是做一些活動，談話也較容易進行。	保密的部分要特別注意，因為有時候是在校園內，或是其他需要父母親許可的場合。有些師長並不太喜歡這些非傳統的諮商方式。
真誠不虛假	青少年很容易發現成人對他們的態度是否真誠，因此虛偽很容易讓青少年失去信任，這也會妨礙治療關係的建立。	真誠不虛偽是諮商有效的主因，人世間有許多不真誠的關係，也因此會阻礙彼此的交心與信任。也不要故意使用青少年的語彙，除非出現得很自然與適當。
表現出對當事人的尊重	每個人都需要被尊重，青少年也不例外。即便當事人情緒衝動，也尊重他／她有情緒、且不害怕表現出來。	尊重的態度也表現在該有的作為上，若是需要道歉，也不需要遲疑。
幽默感	青少年特別喜歡有人懂得他們的幽默，即使當事人有抗拒，也可以輕鬆化解，不需要太嚴肅以對。	幽默是兩個巴掌的事，不是挖苦或是單方面覺得好玩。
要懂得自我解嘲	諮商師也是人，也會犯錯，在幽默之前要懂得自我解嘲，或是從不同的角度看事情，青少年也可以學習。	青少年通常認為成人很嚴肅、無趣。要懂得自我解嘲，也表示人會犯錯、但是可以有機會做修正與改進。
讓當事人了解諮商是怎麼一回事	青少年通常不喜歡被叫到輔導室來，因為怕被標籤，或別人認為自己是闖禍者。讓當事人了解諮商是做什麼的、諮商師與當事人的角色與工作為何，他／她會比較願意合作。	也可以提醒當事人改變是可能的，但是需要時間。
不要成為威權的象徵	青少年會為了反對而反對，有時候成人與青少年是被視為互相對立的兩方，而真誠的態度可以破除這些防衛，也讓當事人覺得自己被平等地對待。	輔導老師有時候會忘記自己是諮商師，常常就在面對當青少年時，無意中就流露出不相信當事人或是想要訓誡對方的態度。
避免專家立場，除非治療關係已經穩定了	站在「不知」的立場、把當事人當作專家，可以從當事人那裡學到更多。	唯有真正去傾聽當事人的故事或立場，諮商師才有可能對當事人做有效的協助。

6-14 諮商前與諮商中需注意事項（續二）

進入諮商過程中

一、開放問答：青少年對於進入輔導室是畏懼與困惑的，因此有必要解釋或說明讓他們知道，最好是開放讓他們發問，準備好接受一些意想不到的問題。

二、聽當事人說他們的故事（由當事人引導對話之進行）：青少年最怕他人先入為主的想法，因此保持緘默或是說「不知道」，則是他們保護自己的策略。詢問轉介過來的青少年：「你／妳怎麼會出現在這裡？」常常他們給的答案就是老師轉介過來的理由，如果輔導老師也同意，這樣反而容易陷入困境，也就是青少年其實是主流文化的受害者，只要不遵守成人訂的規矩就是不對。當青少年進入諮商室，輔導教師可以把他／她的檔案放在一邊，花時間仔細聽聽他／她的故事（「我想聽聽你／妳怎麼說。」）這樣的尊重態度，比較容易建立起諮商關係，也可以更了解事情的原貌。

三、不要刻意去討好當事人：真誠的態度就是贏得青少年的最便捷途徑，也是建立治療關係的關鍵。有些諮商師會刻意使用青少年的語言，反而會適得其反。

四、青少年要結伴而來是可以的：不要執著於「個諮」就是「一個人」，畢竟在諮商室裡是面對一個（陌生的）成人，他們結伴而來是可以容許的，也可以從他們彼此的互動中更了解當事人與其文化。

五、將當事人視為自己問題的專家：青少年最討厭別人當他們是「無能」的，因為整個社會對於青少年與兒童是不信任的。因此相信當事人是有能力解決問題的個體，不要急著給意見或解決之道，詢問其試過哪些方式、效果如何？讚許其為解決問題所做的努力。

六、要替當事人找資源：與當事人相關的重要人物或是偶像、書籍或是剪報，也都是可以用來協助當事人的資源。

七、說故事比說教更好：與青少年分享跟他／她情況類似或相關的事實與故事，也問他／她的看法，從故事裡去體會諮商的善意更容易。諮商師有時候要切記：不要拿自己的故事或經驗來說嘴，因為年紀與世代的距離，當事人不一定領情。

八、給當事人一些簡易可行的家庭作業：改變是需要行動的。青少年有時候不知道該如何下手開始做改變，諮商師可以與他／她商議一些簡單的家庭作業，讓他／她牛刀小試一番，也因為成功率高，促使他們改變的動力就會提升。

九、不要安排在同一時段：與兒童諮商一樣，不要總是在同一時段約談當事人，即使諮商過程需要一段較長的時間也是如此。當事人還是學生，需要上課學習，有些當事人可能會要求諮商師特別在某堂課與他／她約談、試圖逃避該堂課。諮商師要強調學習是當事人的責任，況且總是在某一堂課將他／她抽離，不僅剝奪了學生學習的機會，也是對任課老師的不敬。

青少年諮商訣竅——接觸的技巧 PartII（Hanna, Hanna, & Keys, 1999）

採取方式	說明	注意事項
避免用臨床的標籤來思考	不需要診斷青少年有什麼心理疾病，容易因此而受限，而是聚焦在當事「人」身上。	接納青少年是一個真正的人，這樣的無條件積極關注，也有助於當事人卸下心防。
強調共同的經驗	適當的自我揭露是可以的。	要避免太久遠或是說太長的故事，時代變遷有些經驗可能感受與看法不同。
傳達出諮商時間可以很「短」的訊息	青少年通常缺乏耐性，也不喜歡跟一位成人說太多話，可以在青少年能夠接受的時間與次數內做完諮商最佳。	輔導教師要面對全校學生，時間與心力也有限，然而讓青少年願意跟你／妳談，甚至覺得諮商時間過得很快，表示他們是不反對來諮商的。
使用不同的媒材，讓青少年可以表達自己	因為青少年基本上不喜歡說太多話、被問太多問題，因此許多表達性的媒材可以做為輔佐。	諮商師可以從不同的媒材表現中，看到當事人的許多事，也可以更了解對方。
如果當事人不善於認知上的頓悟，就不要往那個方向去。	許多想法上的改變，通常是行為改變之後才出現，因此不必要勉強。	在當事人行為改變之後才問：「你／妳從這裡學到了什麼？」可能更有效。
讚許與表示崇拜常常可以打破其防禦與敵意。	看見當事人的優勢，並說出來讓她／他知道，青少年會很高興自己被看見與認可。	每個人都需要被看見好的地方，但是要記得有具體事例舉證。
重新架構嗑藥與酗酒是要避免痛苦。	從不同的角度看事情，或做不一樣的詮釋，可以讓當事人思考其他正確解決問題的方法。	這當然不是替當事人找藉口，而是透露出當事人的痛苦、諮商師也了解。
聚焦在「傷痛」，然後才提「氣憤」	許多青少年的痛不知如何表達，所以就以生氣的方式表現。了解與表達出當事人內在架構的諸多複雜情緒，讓他們覺得被了解，就打開了諮商的窗口。	許多青少年不善於明確地表達其情緒，或者是以其他情緒（如氣憤、憂鬱）來掩飾自己或真正的情緒，同理心就是設身處地、替當事人說出來感受與想法。
鼓勵抗拒的表現	這是類似「意向矛盾法」，當事人不想提的、諮商師直接指出來，或許當事人會改變想法。	類似的問話像是：「如果你／妳擔心提了會難過，就不要提。」「如果真的很重要，就好好守住那個祕密，不要輕易說出來。」
提及當事人性格上的優點	諮商師可以問道：「如果有人願意聽你說，你／妳有沒有曾經想要分享之前發生過的一段經驗？」或「你／妳現在正在擔心什麼嗎？」	當青少年的抗拒很強時，不需要勉強他／她說些什麼，而是以邀請的姿態請他／她分享曾經發生過的事，接著諮商師就可以從這一點開始，詢問他／她是如何熬過來的？怎麼沒有被事件打倒？或是從諮商師與當事人的第一次見面、觀察到當事人的一些行為，給予正向肯定，例如：「謝謝你／妳願意來這裡，讓我有機會認識你／妳，而且我發現你／妳的態度非常好，也很有禮貌。」這是「焦點解決」會運用的技巧之一。

6-15 諮商前與諮商中需注意事項（續三）

十、與他們一起活動：特別是男性青少年，光是坐著談話很無趣，他們也不喜歡，因此可以在諮商室裡做一些活動或遊戲，或是走出戶外去投球、打球，在活動中他們比較願意開口說話。

十一、運用同儕的資源：青少年是同儕團體勝於一切的時期，因此他們對權威人士（如師長等成人）的抗拒是正常的，因為要「長自己」，所以對於成人的忠告是聽者藐藐、不太領受，故而邀請同儕、有類似經驗者來分享或擔任顧問，其說服力最佳！有時候諮商師也可以邀請當事人的同學或朋友一起來協助當事人，像是大考前為了一個共同目標彼此鼓勵、支持與協助，可以聯繫情感、減少孤單感，也有共同努力的目標。

十二、他們會「好康倒相報」：若青少年有過不錯的諮商經驗，他們會以「老鼠會」（臺語「好康倒相報」）方式介紹其他當事人來談，經歷過諮商協助的人會把他們的心得與同儕分享，因此諮商師也可以善用這樣的資源。

十三、團體諮商效果更佳：基於青少年重視同儕關係，善加使用團體諮商模式效果更好！青少年從同儕那裡所學的勝過一切。

進行兒童團體諮商，常常因為兒童不習慣在一起活動或是談話，因此容易會有「小團體」（也就是彼此熟識的或同班同學）出現，也常有特殊學生跑來跑去或跑出諮商室的情況，甚至會有學生突發的情緒，讓團體增加許多變數。諮商師訓練裡沒有「班級經營」的部分，因此諮商師要請教一些資深教師，了解班級管理的一些訣竅，對於團體的管理會較有效果與信心。青少年對於團體運作較能配合，但是有時候也會有小團體或是沉默的成員，諮商師要記得邀請沉默的成員加入，有時候以分組方式談論效果不錯。

十四、要跟進家庭作業或實作練習：諮商師在每一次諮商結束前，通常會給當事人一些行動作業，目的是打破當事人的「認知」或偏見，讓他們知道改變或行動並不難，也藉此延續諮商效果，然而有些諮商師或許是疏忽，不一定會在下一次諮商時跟進家庭作業的進度，就失去了作業的功能，因此，諮商師或輔導老師需要跟進家庭作業的進度或完成情況，與當事人商議成功之處、可以改進的地方。若是當事人忘記做，不妨在下一次晤談時補做、或是有替代方案可以即時進行，這也是讓當事人負起責任的方式。

小博士 解說

諮商過程中若是當事人突然就不出現，諮商師或輔導老師一定要去了解是怎麼一回事，這樣做的理由是讓當事人了解他／她很重要，同時也傳達諮商師的關心。若是當事人決定終止諮商服務，也要做正式的結束動作，像是與當事人談個幾分鐘、道別與感謝他／她的出席，若是當事人不願意再出面，也可用卡片等方式與之道別，記得在卡片上寫下諮商師自當事人身上看到的優勢與鼓勵。

青少年諮商訣竅──連結的技巧（Hanna, Hanna, & Keys, 1999）

承認自己覺得困惑或不知情

要有危機情況的預期與準備

告訴當事人其他青少年有過的類似經驗

與自己的青春期接觸

讓當事人知道諮商師從他們身上學到了什麼

溝通要簡單明瞭

如果另外一位諮商師與當事人關係較好，不妨考慮更換諮商師

自我揭露有其限制

不要讓過多的關切影響你／妳的同理心

有機會的話，發展一個治療性的同儕文化

不可低估性慾的壓力

若是孩子是幫派分子，也注意到幫派的好處

不要逃避死亡、孤獨、無意義與自由等存在議題

不管是什麼形式的受害，都要指認出來

認出可能有的歧視（如種族或性別）

自然的面質態度

如果當事人要的是注意就給他／她

對於青少年「無感」的態度要注意

6-16 青少年諮商之「不」

配合青少年的發展特色與次文化，諮商師有些事不要做：

不要訓話

有些諮商師或輔導老師一旦看到當事人在輔導室裡出現，就會擺出教師或者是成人的姿態，先教訓當事人，甚至指責當事人錯誤的地方，好一點的會勸告當事人應該要怎麼做，但是在當事人還沒有被了解之前，這些建議或者是訓話可能都是白搭，甚至引起反感。

不要哪壺不開提哪壺

許多新手諮商師會以轉介過來的諮商目標為目標，像是「減少偷竊行為」、「少嗆老師」、「不使用暴力」等，許多諮商師就會因而將諮商目標或是問題聚焦在轉介單裡的問題行為上，甚至將當事人當作「問題人物」，帶著這樣的成見，反而會妨礙了助人過程的進行，而且當事人也不願意配合，因為他/她認為諮商師對他/她已有先入為主的偏見或誤解，這樣的晤談只是浪費時間。

此外，許多的問題行為並不是真正的問題所在，而是呈現出問題的徵象而已，因此需要進一步去釐清真正的問題源頭在哪裡。像是孩子突然行為偏差或者是課業低落，也許是因為出現了其他問題（如失戀、或家庭經濟出現問題），而不是孩子這一方。諮商師或輔導老師站在統觀、生態脈絡的立場來看問題是必要的。

不要將自己視為萬能

有些教師或校長對於諮商師的功能有兩個極端的迷思——一是認為只要送到諮商師手上的案子都可以獲得解決，或是只要送學生來見諮商師一次，就想看到立竿見影的效果，二是認為諮商無效。諮商師不是萬能，第一種情況較無法達成，但是只要願意介入、事情總有轉圜餘地。老師（或主校政者）的立場（如希望學生專心向學、勿惹麻煩）與諮商師（如希望協助學生了解、認同自己，並發揮潛能）不同，因此看問題的觀點也可能不同（教師與校長較容易以孩子的行為表現為主，諮商師可能會看到內心與環境脈絡的動力因素），所以諮商目標也有差異。有些老師直接在轉介單上寫「孩子偷竊」，這個偷竊行為可能行之有年，但是卻期待諮商師與當事人談過幾次之後，便能「讓偷竊行為消失」；有些學生的情況（如學習障礙或思覺失調），不符合諮商師的專業或能力，教師或行政人員還是希望諮商師可以「處理」一下，諮商師有時候礙於職責、不忍或不能拒絕，儘管諮商師也要嘗試努力協助，然而適當的諮詢或轉介也是必要的。即便在轉介給相關單位或專業人員（如特教老師或身心科醫師）之後，諮商師仍然需要在校協助當事人、追蹤當事人的治療情況與結果。

小博士解說

　青春期孩子挑戰危險行為，通常不只是因為衝動控制有問題，而是他們不相信會有這樣的結果。（Burnett et al., Konrad et al., 2013, cited in Dixon, Rice, &Rumsey, 2017, p.323）

青少年諮商訣竅——接納的技巧（Hanna, Hanna, & Keys, 1999）

採取方式	說明	注意事項
讓當事人很清楚可接受行為的界限	界限是關係中很重要的一環，儘管諮商師想要表現出親近與接納當事人，但是界限的拿捏要適當，要不然原本想要表現的尊重會變成隨便、沒有紀律。	青少年在諮商室裡的有些行為可以被容許（如坐姿、手上玩東西）、有些行為需要限制（如打電動、抽菸）。
清楚哪些行為不允許其發生	如暴力與威脅（也包含破壞物品）	諮商師要知道自我保護，最好有警急通報系統或方式。
避免權力爭奪戰	諮商師要避免自己陷入與青少年之間的權力遊戲，不要企圖做一個訓導人員，要有足夠的同理。	青少年可能為了反對而反對，這是青春期可能會發生的情況，與當事人爭位階或權力，只會破壞關係而已。
不要堅持非必要的口頭尊重	尊重是「贏」來的，而不是要求當事人口頭上的尊重而已。	諮商師有時候聽到當事人對其發怒、說髒話，也許可以反映：「到目前為止，我沒有做出或說出讓你／妳生氣的事，是不是曾經發生什麼事、讓你／妳這麼氣憤？」
接納當事人突如其來的氣憤與敵意，因為這些可能是他／她生活中的常事	青少年可能不善於用適當的語言表達自己情緒，因此行為上會出現暴怒或是莫名的敵意，同理的傾聽與了解可以化解。接納當事人的情緒，也可以讓他們學習到認可與接納自己情緒的重要性。	有些青少年可能習慣以行動表示憤怒，有可能傷害他人或自己的行為時，諮商師要特別注意。
確認當事人的感受	這就是表現「同理心」，當事人的情緒被了解之後，才容易打開心房。	在確認感受之後，可以進一步探討背後的想法與真偽。
認出與善用「移情」現象	諮商師可以從當事人投射的情緒裡去進一步了解當事人，也許那也正是諮商可以協助的部分。	諮商師不要將當事人的攻擊「個人化」，而是將其視為了解當事人的橋梁。
處理令人震驚或驚訝的言詞時要平靜、並做立即的重新架構	青少年有時候為了驚嚇成人或是生存，會使用誇大言詞，進一步將其所說的重新架構，可能會有新的發現，如當事人可能說自己很殘忍、會虐待動物，諮商師可以回應道：「你／妳這麼做是想要我知道內心感受的痛苦是嗎？」	使用重新架構技巧時，必須要同時有很適當的同理，即便青少年否認諮商師的解說也無妨，可以進一步去探討他／她之所以這麼說的用意為何？

6-17 **青少年諮商之「不」（續一）**

不要強留當人

除非當事人對自己或他人有潛在的危險性，要不然如果只是老師們轉介當事人到輔導室來，最好給予當事人選擇的機會，然而所謂的「選擇」並不是讓他／她選擇留下或離去，而是可以進一步與當事人商議，像是：「可不可能給轉介的老師和學校交代，要記錄一下跟學生晤談的情況。」所以請他／她停留 3 到 5 分鐘，彼此對這件事情都有交代。接下來諮商師或輔導老師才會有機會從與學生的接觸中想辦法讓學生可以持續晤談或是留下來做說明；倘若學生堅持要離開，也不需要強留，在學生要離去之前，諮商師或輔導老師可以言簡意賅地告訴學生，在跟他／她相處的這幾分鐘裡，從他／她身上看到的優點是哪些？學習到哪些？並且有明確的佐證資料，這樣至少讓學生有正向且愉快的諮商回憶，以這樣的方式，下一次若再邀請學生過來晤談，他／她的抗拒就會小一些。

不要刻意使用青少年使用的特殊語言

有些諮商師或輔導老師會刻意使用青少年使用的特殊語言或詞句，然而又不是在很自然的狀況下說出來，就會顯得很虛假，青少年對於不真誠是很敏感的，因此即便諮商師有不了解的地方，站在「不知」的立場來請教當事人，將青少年當作專家，由他們來提供我們所需要了解的一切。

不要局限在很正式的諮商室晤談

可以走出諮商室，到校園或者是走廊上，甚至坐在鞦韆上，或是跟當事人做一些活動（像丟丟球，或是玩一些靜態的遊戲），在比較放鬆的情況之下與諮商師晤談，這些都有助於讓當事人卸下心防。

不要像連珠炮似地問問題

有些青少年對於許多問題都會以「不知道」或者不回答來因應，這樣的態度可能很容易引起諮商師或輔導老師的憤怒、認為他們不合作。事實上他們有不合作的理由，因為在諮商室裡還是有一些「權力」的差異存在，而在他們這個發展階段，為了反對而反對這樣的表現是很正常的。改用其他的方式來獲取資訊，也許跟他們玩遊戲、從他們的重要他人（家長、老師、同學）身上去得到相關資訊是比較容易的。

不要將當事人所說的「個人化」

青少年當事人或許在言語上比較直接，或比較具攻擊性，但是諮商師不要自己「對號入座」，也不要認為當事人是針對諮商師或輔導老師所做的攻擊。能夠以和緩善意的態度面對，進一步去了解這些言語和行為背後的原因才是重要的，基本上青少年是誠實的，若其願意將自己真實的感受表現出來，也是尋求問題解決的契機。

青少年在諮商時的抗拒行為（Reid, 2011, pp.120~121）

 爭論 與諮商師爭論剛剛所說的正確性或具有敵意。

 打斷 在對話中以防衛的姿態來打斷諮商師。

 否認 即便問題存在，也不願意合作、不要負責任或接受邀請來思考其他資訊的可能性。

 忽略 忽略諮商師所說的，或是不參與對話，展現出退縮的行為。

諮商師在面對青少年時需考量事項（Paladino & DeLorenzi, 2017, p.362）

當事人之準備度

身體與情緒安全

照顧者之支持

評估徵狀

能在正式諮商前定期參與晤談

✛ 知識補充站

　　與青少年工作的成功祕訣是：建立信任、合作與滋養的關係。（Paladino & DeLorenzi, 2017, p.363）

6-18 輔導教師或諮商師一般注意通則

摸索與試探自己的核心理論

這個核心理論通常是能夠解釋你／妳的生命經驗，或是你／妳自己本身比較喜愛的學派或理論。因為唯有在核心理論的引導之下，你／妳才能夠對學生關切的議題或呈現的問題有較為系統的了解與解釋，而這也決定了你／妳接下來要進行的介入或處置方式，能夠與學生做較為長期的合作、清楚自己整個諮商方向在哪裡。針對自己喜愛或者是能夠解釋自己生命經驗的理論，需要更深入地去了解這個理論、閱讀許多相關的書籍（包括臨床實務方面的運用）、與同儕或督導的討論等，這樣就可以更熟悉與堅定自己的核心理論。

了解你服務機構的文化

諮商師要走出輔導室或諮商室，去了解你／妳置身工作場所、人與文化，與學生及教職員們建立良好的溝通管道與關係，因為這些人都是輔導生態的一環，需要大家共同的努力、輔導成效才容易彰顯出來。

擔任改變中的「能動者」

雖然在學校中（尤其是國小）輔導工作是否受到重視，與主校政者有極大的關聯，然而輔導老師或諮商師也責無旁貸，因為諮商的普羅化以及被接受度，我們都有責任。經由不斷的接觸與合作，才能夠讓輔導的汙名化減低，進一步可以結合不同的資源，來讓輔導工作更具效能！輔導教師也是社區的一分子，如果社區或者是一些政策需要做適度的改變，才能夠讓其中生活的人更適意，輔導老師除了做弱勢的代言人之外，還需要做改變的「能動者」，也就是可以帶領及促成改變。

善用時間與個案管理

諮商師或輔導教師要負責全校的輔導事務，有些學校會向外（如政府單位）接許多計畫，這些計畫的執行與成果報告都可能落在全校唯一的專任輔導老師身上，輔導老師因此而未能充分發揮其專業與效能。輔導教師需要做良好的時間管理，安排適當的接案量、並與當地其他資源（如社工、醫師、里長等）合作。在校內有許多潛在當事人，諮商師或輔導教師一來要顧慮到自己的職責、二來也要照顧自己以免專業耗竭，因此時間的管理與安排就很重要。一天接案量不要超過六個，需要長期關注的個案之外，其他較輕微或是可能的潛在個案，就可以利用下課時間做短時間的接觸與了解、分攤個案的份量，這樣就不需要將自己局限在輔導或諮商室中，也照顧到更多的當事人。輔導教師與諮商師需要媒合適當可用資源外，也需要求助，因為輔導與諮商不是獨力作業就可以有效達成目標。

小博士解說

諮商師能夠提供的服務有許多，然而當這些方式都用罄，卻無法有效協助當事人時，可能改善的途徑就出在大環境上（有時候是家庭、社區或是政策），因此諮商師也必須成為當事人的代言者或是促成改變的能動者，讓當事人的生活（或生命）品質更好。

諮商師可以協助將進入成人期的青少年（Choate, 2017, pp.388~390）

 諮商師多元文化議題檢視表

檢視項目	說明
種族	對於不同種族或是膚色的人，我的對待方式是否不同？例如對白皮膚的高加索人比較親善、對膚色較黑的人（如印尼、南美或原住民）則是較不友善？
語言	對於不同說話腔調（或口音）的人會不會有不同對待或懷疑？像是喜歡ABC（美國出生的中國人）、不喜歡說話有臺灣腔的人？或是南部人會懷疑對方不是南部人？
價值觀	價值觀的異同會影響你／妳對此人之評價或態度。
性別	因為他與你／妳同性別而特別親近、疏離？不管你／妳的性別為何，會不會比較「尊重」男性而較不尊重女性？或者是你／妳認為哪些行為是「應該」屬於某特定性別的？
性傾向	你／妳對於同異性戀者有強烈個人意見嗎？或是你／妳不能接受性傾向少數族群？
社經地位	對於社經地位高／低者，你／妳使用的語言或態度不同嗎？
宗教或靈性需求	對方的信仰與你／妳的異同，你／妳會有不同的對待方式？或者是對方有／無宗教信仰，會影響你／妳對他／她的觀感？
城鄉地域	因為對方來自大都會而特別尊崇，或是對方來自鄉村地區而有鄙夷？
年齡	會不會因為對方年幼或老年而有不同對待？
能力程度	會不會因為對方有身心障礙而過度同情或是鄙視？
教育程度	會因為對方的教育程度較高而極為尊敬，或因對方無很高學歷而對待不同？
長相或外表	因為對方的長相較清秀而「愛屋及烏」，或是因為對方長相平平而冷淡對之？

＋ 知識補充站

青少年或許會使用比較攻擊和極端的字眼，諮商師記得不要認為是針對自己，這只是他們在這個發展階段中會出現的一些行為，表達的是他們的情緒與壓力，如果可以進一步接納他們的情緒、了解他們的壓力來源，就對當事人有幫助。

6-19 輔導教師或諮商師一般注意通則（續一）

自己先嘗試或體驗過，會更具說服力

輔導老師和諮商師的主要任務之一是「造成改變」，因此如果要讓當事人改變，諮商師或輔導老師對於整個改變過程中的困難情況、該如何做改善計畫，或尋找可替代（可變通）的方式等，都需要有詳盡了解，最好的方式就是自己先做一些改變的行動計畫，在親身經歷之後，了解其中的甘苦，而在協助當事人做改變的時候，也比較清楚當事人會遭遇到的一些挑戰與因應之道。

了解此發展階段中有許多矛盾是正常的

青少年已有抽象思考的能力，然而卻也有許多的理想性。青少年因為還在「長自己」（包括自我認同與生涯展望）的階段，加上掙扎於同儕與家長的影響力之間，在「依賴」與「獨立自主」之間的拔河，因此對於他人怎麼看自己很在意（儘管表現出不在乎的態度），也會在沒有其他參考架構底下想太多。青少年有邏輯抽象思考能力，表示合理推理或是說服是可行的，而其「理想性」在沒有實際操作的情況下，可能會將假設視為必然、因而影響其行為動力。

體會青少年會有的孤單

青少年在此階段也會經驗一些「存在的虛無感」、對於生命有許多的疑問，這種無法清楚說明、向外人道的孤寂感，也是此階段孩子內在的一種現實，甚至有些孩子已經開始體驗生命中的重大失落，這種孤寂感受會更深。若是諮商師或其他重要他人，願意與其探索這些人生課題，相信青少年的孤單無助感會獲得一些紓解。

了解特殊需求的學生

有些學生可能有親職管教的問題、過動、強迫症或特殊的學習障礙等，諮商師和輔導老師都需要進一步了解相關訊息以及協助方式。如果學校內有資源或特教老師可以請教，或者是合作，自然更佳，因為許多的問題是有關聯的，像是過動會影響其學習情況與人際、智能或閱讀障礙、自閉症亦同。諮商師在特殊教育這一塊較無訓練，然而目前因為診斷技術更精確、或者是能夠提早發現特殊需求學生，因此特殊學生往往也是諮商師服務的對象，常常是因為班級導師彈精竭慮之後來求助，若是服務機構或學校無特殊教育專長者（事實上特殊教育種類繁多），諮商師也必須要能夠對於校內的特殊學生特性、需求與處遇有較深入了解，也要能與家長溝通、商議協助策略等。

小博士解說

特殊學生除在學習上需要協助，其在人際或學校生活上也會遇到一些較為特殊的挑戰，諮商師不能置身其外，相反地，在不同層級學校，諮商師也必須能夠提供適當的服務與協助給這些有特殊需求的學生。

青少年可能會出現的問題（不限於此）
（Vicario & Hudgins-Mitchell, 2017, p.60）

 突然出現的想法　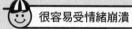 很容易受情緒崩潰　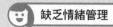 缺乏情緒管理

 容易生氣或具攻擊性　 自傷行為　 逃家逃學

 引起注意　 焦慮　 自尊低落

 轉換困難（如轉學、適應新環境）　 解離（身體與心理分離感，類似靈魂出竅）

 較差的本體感（覺察自我身體與個人空間）

 針對兒童與青少年創傷諮商注意事項
（整理自Vicario & Hudgins-Mitchell, 2017, pp.92~93）

 早期創傷與壓力事件會改變大腦的結構，目前有腦神經修復與以大腦為基礎的諮商介入，可以協助修正這些改變。

不良的童年經驗會影響行為與生理健康。

大腦的發展有五成左右是在出生後開始，且與環境交互作用而產生。

 諮商師為這些遭受壓力下的兒童與青少年代言（或倡議），不能只見其行為，而是需要從不同系統的層次來協助減輕其壓力與增進其復原力。

 若早期經驗不容許正向的互動，邊緣系統就不能適當發展，會影響個體調整／規律的機制。

 孩子感受到安全是調整／規律的第一步。

 調整／規律、安全與依附是一起發生的，只要針對其中一項作用，其他兩項也會增強。

 運用引導式想像或正念，可協助孩子建立調整／規律技巧。

 積極傾聽與安全的環境，讓當事人感受到被了解、有連結。

 「適時」的介入（或「同頻」）是神經系統發展調整／規律的關鍵。

 諮商師要符合當事人發展與情緒需求，協助其度過創傷經驗、重整生活。

第7章
班級輔導與團體諮商

學習目標：

　　同儕是兒童與青少年階段的重要他人與影響力，班級輔導是每一位諮商師的必備絕技，若再加上固定議題的團體諮商，可以發揮更大的經濟效益、讓諮商成效更加乘。

7-1 班級輔導的重要性與進行方式

　　一般所知的「一對一」輔導，需要耗費的時間與人力較多，因此，若可以固定就該校學生特性與需求，舉辦班級輔導或團體諮商，對於學校三級預防（「初級預防」（一般預防）、「次級預防」（早發現早治療）與「診斷治療」（危機調適）等工作特別有效。倘若有必要事項需要宣導（如校園霸凌、生命教育、網路或藥物上癮知識），通常會先進行全校宣導工作（在朝會或班會時間，第一級預防），接著就依不同年級與班級做班級輔導，最後則是就需要輔導與協助的對象做團體諮商與個別諮商。

　　班級輔導顧名思義就是針對整個班級做輔導的教學活動，其主要關注的主題是教育（教導學生必要的知能）、發展（針對學生發展需要做事先預備的動作）與預防（防治問題產生）。善用班級輔導不僅可以減少預期的問題（如協助轉學生融入班級），也可以進一步讓班上同學更團結、班風更為和諧。

　　班級輔導可以是一次性的，也可以做多次的預防宣導與教育活動（有系統或由淺入深），通常較少政令式的宣導，而是將重點與相關活動結合，讓學生對此議題有更深入及透澈的了解，並能將所學運用在日常生活中。

　　針對中小學，教育部每學期或學年可能有例行性的主題需要宣導，像是生命教育、性別教育、友善校園等，每個學校可以依據該校的學生生態、資源與需求，做適當的班級輔導，若學校臨時發生一些重要事件（如學生突然死亡或意外，或是有喪親），輔導教師首先以全校師生為對象做安撫與教育，接著需要針對發生事件的班級做較多次的班級輔導（如哀傷教育），接下來（可先做篩選動作）就反應較大、受到影響較多的學生與當事人做小團體諮商或個別諮商。

　　班級輔導顧名思義是以「班級」為單位，有時則是以大多數的同學為對象。班級輔導進行方式很多元，主要視其目的而定。使用繪本、影片或演劇方式，讓全班可以輪流或共同參與的活動，使班輔目標可以達成，並有機會讓學生討論或發表意見，也都是班輔可以採用的方式，切忌說教成分太濃，降低了學生學習的動機或意願。

　　有時候將班上學生事先分組然後進行，也是不錯的。分組時需注意將班上較被排擠或孤單的學生安排到較歡迎他（們）的組別。在班輔進行時，輔導老師會設計一些相關問題讓學生回答，也需要注意公平性（不要讓若干學生霸占發言權，也要給些機會讓較害羞、沒有機會舉手的學生可以表達意見或說話）。

小博士解說

　　班級輔導可以針對重要議題（如霸凌、特殊疾病、校園安全）做初步宣導（至少比全校宣導要更深入一些），且可視教育之必要或學生之需求，進行一次或多次的深入宣導。

學校三級預防處理事項與方式

預防層次	第一級預防	第二級預防	第三級預防
重點	發展性或預防性	補救性	治療性
目標	協助學生或個人在生理、心理、情緒與社會成熟上的發展	當學生行為發生偏差、學習困難時，就需要介入處理，其目的是及早做補救與修正，避免問題坐大	當學生行為與問題嚴重偏差時
處理方式	講座或宣導方式（實施心理衛生方案）	由認輔老師或是輔導教師諮詢或諮商、團體諮商	做適當環境安置，或轉介給諮商師或身心科醫師做較長期的治療
負責專業人員	導師、科任或認輔老師	社會工作者、輔導教師、諮商師	諮商師心理或精神醫師

 班級輔導主題設計內容示例

性別教育

相關議題

| 認識自己 | 我是男生還是女生 | 性別的不同面向（生理、社會、心理） |

| 什麼是性傾向 | 尊重自己也尊重他人 | 性騷擾與性侵害 | 愛自己、做自己 |

生命教育

相關議題

| 萬物變化、四季輪迴 | 人為什麼要活著 | 我想要成就的是…… |

| 預立遺囑 | 如何表達關心與愛 | 失去與悲傷教育 | 情緒問題與調適 |

友善校園

相關議題

| 霸凌防治 | 人際關係 | 每個人都不一樣，都需要愛與尊重 |

| 家庭與我 | 危機處理 |

7-2 班級輔導的進行與設計

班級輔導的進行

班級輔導有些是一次性的（如霸凌防治宣導），也可以是一連串系統性的、由淺入深（如「如何辨識與防治霸凌」），端視班級需要或輔導老師評估情況而定。班級輔導如同團體諮商的情況一樣，基於經濟效率的原則，設計相關主題的活動，讓學生可以進一步體驗、更深入了解某些議題，而不是像全校性的朝會宣導那樣淺顯與表面。

進行班級輔導時要注意學生座位的安排（要讓每一位學生都可以清楚看到老師或進行的說明及活動）、設計內容的適當性（是否容易被理解、合乎主題）。班級輔導可以採用多媒體來協助進行，包括電腦、繪本或影片播放（要讓全班都看得到）等，也可以安插一些小組討論，或是以發表、繪畫、演戲與遊戲等方式進行。此外，班級輔導在進行時，可以做分組計分，有助於同儕之間的良性競爭，但是要注意到秩序與「公平性」。

班級輔導的設計

班級輔導的設計要注意實施對象的發展階段與特色，才能設計有效的活動、真正傳達教育目標，也就是同一主題可能會依照不同發展階段而有不同的設計。例如「性別教育」，在低年級可能是「認識自己」（包括自己的性別、生理特徵、長相與特色），中年級可能是「認識身體與保健」（了解不同性別的生、心理特色，但也注意性別的刻板化），高年級可能主題就是「人際關係」（包含親密關係、同異性關係、性騷擾等）；再者，同一個年級的班級輔導設計，也可能因為班級氣氛與經營情況不同，而會做適度的更改、調適。只是如果全校只有一位專任輔導教師，要跑遍所有班級有其難處，時間與心力上負擔太大，加上班級級任老師若不願意配合（尤其是時間的磋商），更會增加其執行的困難。

可因應班級的需要而客製化

有些班級若是發現有特殊議題（像是女性情誼、異性交往），也可以請輔導老師協助，讓學生有更深入的了解與體會。在國中小階段的女生關係不同於男生，女生關係較為緊密，但「排他性」很強，常常會有紛爭，像是甲跟乙是好友，若丙加入，就可能引起吃醋或忠誠度的問題，這種情況就可以安排幾個班輔重點，例如「我的好朋友」（著重在朋友的定義與社交技巧）、「有人欺負我」（關係霸凌與防治）、「每個人都需要朋友」（可以從不同朋友身上的學習，寬容及接納與我不一樣的人）。

小博士解說

女性較著重關係、善於經營關係，但是關係複雜，也容易在關係中受傷。女性情誼與男性情誼不同，女性之間的情誼較親密，有時不免會有排他性，因此會有隨之而來的許多人際與自我議題需要處理。

班級輔導注意事項

進行班級輔導之初,首先要考量班級輔導(以下稱「班輔」)的目標為何?然後依據這個目標來設計輔導內容。因為班輔是針對整個班級來設計、進行的,因此其設計需要符合班級成員的需求與程度。

1 用時間與次數　　　班輔主題可能需要進行次數多少次、時間多長。

2 實施班輔對象　　　年齡層、發展階段與任務的考量。

3 基本考量　　　年齡越小、次數較多、活動較多(活動之後緊接著討論或說明),反之,年齡較長就可以減少班輔次數與活動。

4 實施班輔對象　　　年齡層、發展階段與任務的考量。

5 設計班輔活動必須要先有預先的設計與準備,設計內容還要有 A 計畫與 B 計畫(萬一 A 計畫行不通就要趕快採行 B 計畫),因此多準備相關的備份活動也是必要的。

6 每一班級之班級氣氛不同(與導師的班級管理較有相關),因此也要讓班輔設計更具彈性。

7 許多輔導教師或諮商師沒有班級經營的理念或教育背景,在真正執行班輔時最大的阻力總是在班級秩序的維持以及如何讓學生專心、聚焦。

8 每一次班輔最後最好有一個小活動(如問答或學習單)用來檢視此次班輔之成效,檢視的方式最好要多變化,不要老是用一種(如學習單,尤其現在孩子不喜歡寫字),容易引起學生的反抗、不合作或敷衍。

9 適當採用行為主義的代幣或是增強方式,可以維持秩序,也鼓勵同學參與(要注意發言次數的公平性)。

10 班級輔導通常是輔導老師進入班級去進行,但是有時候也可能因為教室場地的限制,會將學生移到適當的場所來進行(像是團體諮商室或者是體育館),此時就要注意減少讓學生分心的事物(如玩具或體育器材)。

＋ 知識補充站

　　班級輔導若要深入,可以設計多次(由淺入深),分成幾週進行,尤其是針對全班的事件(如霸凌或悲傷輔導),需要將教育的內容與活動作適當結合、讓全班同學參與,效果甚佳。

7-3 問題解決會議

　　Tucker（2017, pp.271~272）建議可以使用小團體或是班級討論的方式，針對某一個特定問題或者是現象，大家腦力激盪、集思廣益，一起商議如何解決，在會議過程中，讓每個人的意見都可以得到尊重與被聽見。

　　班級輔導教師需要具備的知能如下：

　　一、領導者需要具有團體輔導相關知能：領導者受過團體相關專業訓練，也獨自帶過團體，了解團體動力結構、如何運作，有哪些重要因素必須注意，也都是在執行班級輔導（或稱「班輔」）之前必備的基本條件。

　　二、領導者需要有班級經營技巧：因為做班輔面對的是一群人，成長中的孩子不是那麼容易管理，倘若不明白如何約束學生、做秩序管理，可能班上鬧哄哄一片，或是各自做自己的事，無法有效進行班輔，自然也無法達成預設的目標。

　　三、領導者需要對主題有了解或有專業背景：做班級輔導必須要對所欲宣導的主題（如霸凌、性別平等、時間管理等）有相當了解，才可以進一步設計與執行方案，要不然很容易在進行中有左支右絀的感受。

　　四、領導者需要對服務對象的發展階段與需求有所了解：這樣才知道服務對象的需求為何？有哪些發展特色必須留意？學生的次級文化與使用的語言如何？

　　五、領導者具有與學生互動的能力：帶班級輔導需要具備與學生互動的能力，不僅要了解他們發展的情況、使用的語言，也要清楚此班的班風與特色，就更能融入其中、讓學生更有意願參與。

　　六、可以用各組競賽方式進行：因為班級人數眾多，若是要邀請他們發表意見，可能只限於若干較願意發言者，相對的就減少了全班的參與度，因此可以適當使用分組方式，儘量讓全員參與。

　　七、領導者了解與善用增強原則與代幣制度：既然是以分組方式競賽，在決定計分制度時就要注意正確性與公平性，同時善用社會性增強與代幣制度的優勢。

　　八、領導者要注意執行時的公平性：在國中小以競賽方式進行搶答，也要注意公平性、允許學生有相等的機會發言，有時候也要注意一些較為「慢熟」（要經過一段時間才敢舉手發言）的學生，以及發言頻率較多的學生（必要時得以忽視的方式處理）。

　　九、運用不同媒介吸引學生注意：現在有電腦科技的輔佐，容易取得資訊與相關影片來協助說明，也要注意螢幕是否夠大，在實際做班級輔導之前，要先確定這些設備都無問題，要不然容易耽擱大家時間。

　　十、相關活動之後進行分組討論最佳：單向宣導方式效果最差，除非有很好的媒介（如影片或新聞畫面），以及有趣的活動連結，加上班上人數通常超過二十位，要請他們分享會有難度，因此，若在相關活動之後，讓成員進行分組討論是最有效的方式，然後請各組選取一名代表發言。

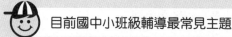

認識自己
了解自己的
優勢與挑戰。

如何交朋友
同理心與社交技巧的
教導與訓練。

誰被欺負了
認識、預防與防治霸凌
（特別是關係霸凌）。

性別平等教育
認識自己性別與發展、
接納與尊重他人。

生命教育
愛惜生命、
協助他人與合作。

感恩的功課
懂得感謝家長或他人，並
做好自己的本分與責任。

認識生涯
了解自己能力、希望從事
對社會有益的工作。

學習習慣與策略
知道如何做有效學習、
尋找適當資源與評估。

時間管理
知道如何安排自己作
息的時間，包括運動
休閒及與家人相處。

科技影響兒童的幾個面向（Goodwin, 2017）

身體動作
數位遊戲讓孩子身體姿勢僵固或不正確，
影響其骨骼發育與身體活動能力。

關係與依附行為
家長使用數位科技不當
或過多，影響與孩子的
互動與關係。

語言發展
孩子需要與人對話才能
讓其語言發展更佳。

玩樂　一般傳統遊戲與網路遊
戲要取得平衡，孩子藉
由遊戲來社會化、與人互動，以及
發展身體機能與動作。

營養
孩子若花太
多時間在數位產品上，可能用餐不定
時，或攝取了廣告上的垃圾食物。

睡眠
藍光影響褪黑色
素及睡眠品質，孩
子無足夠睡眠影
醒其正常發育。

執行功能技巧
數位產品對感官刺激與資訊爆炸，影響孩子
的學習其自律控制、工作記憶與心智彈性。

7-4 何謂團體諮商

團體是兩人以上所組成的社群，彼此有共同目的或目標，成員是同質或異質性，端賴團體所欲達到的目的而定。

團體是成員們的團體，不是諮商師或輔導教師的。諮商師或輔導教師只是擔任團體的設計與領導，但是團體本身有其生命與特殊型態，這些都是成員們所營造出來的團體氛圍所致，隨著團體進行（特別是較長期的團體），團體就會慢慢發展出自己的樣子。當然不同的團體領導者也會影響團體進行的方式與模式，在兒童與青少年團體裡可以看出領導者的領導風格，然而帶領團體者要切記：因為團體是成員們的，而非領導者個人的，因此要讓團體成員都能夠學習是最重要的。

團體諮商效益

團體諮商與個別諮商最大的不同就是經濟實惠——不是「一對一」的服務，而是「一對多」，其次兒童與青少年藉由彼此互動的人際學習、觀摩、仿效，學習較為迅速且道地。兒童會將在團體外的人際互動模式帶進團體中，諮商師或輔導教師可以藉此了解孩子與人互動的情況及可以修正的部分。此外，大家在同一團體裡分享經驗，發現並不是只有自己有這樣的擔心、不會孤單（普同感）等都是屬於療癒因子。團體也提供兒童一個可以自由表達自己想法與感受的安全處所，學習到被肯定、了解他人的優點，同時可以去實驗、嘗試新的與不同的問題解決方式，將在團體中所學運用到日常生活中。此外，團體也讓兒童有機會去認識不同的人，從他人的身上與經驗裡，可以學會不同技巧或能力，也因為團體需要有效運作、會有一些規定需要全體成員遵守，也可以讓兒童學會自律、遵守團體公約及分工合作的重要性。

招徠團體諮商成員

諮商團體成員的招募需要宣傳。宣傳方式有多樣，可以去班級宣導招募、張貼廣告與報名方式，或是由教師轉介等。當然因為兒童未成年，要其參與團體有時候不是班級導師可以自行做決定，需要得到家長或監護人的同意，但是許多家長不願意讓孩子參與團體，怕孩子被汙名化，或是耽誤學業，因此班導與輔導教師的說服力就很重要。有些學校知道輔導的重要性，因此在學童入學之初就已經得到家長的同意（或設計相關同意書），讓學童參加團體變得較容易。

雖然可經由班導之轉介管道來招募成員，但是也有需要注意事項（如右頁圖）。

小博士解說

團體諮商具有經濟實惠的效益，尤其是對於正在成長中、需要同儕認可的兒童與青少年來說很重要，他們可以將在團體中彼此互相學習的知能運用到日常生活中，也因為在團體中得到支持而增加自信。目前許多學校會機構都廣為利用團體諮商。

班級輔導示例（五年級）

主題：生命教育

第一次：活在當下

進行方式
- ★ 繪本導讀「天天為自己加油」。
- ★ 詢問同學自己做到繪本中所敘述的那些事？
- ★ 準備繪本內容相關題目五題（有獎徵答）。
- ★ 教導「正念」冥思五分鐘。
- ★ 學習單（檢視自己每天是否認真做每一件事──包括休息）。
- ★ 家庭作業：收集不同生命階段的樹葉（越多越好，下次上課帶來）。

第二次：生命歷程

進行方式
- ★ 將上回家庭作業成果拿出來，依序擺出樹葉的生命階段。
- ★ 分組討論為何做這種排列？理由為何？
- ★ 教師問：「樹葉最後到哪裡去？」死亡之後的歸處（依據組別畫一張圖）。
- ★ 討論「為什麼有死亡？」「活著要做什麼？」（釐清對死亡的可能迷思）。
- ★ 分享今日上課後心得。
- ★ 家庭作業：列出十項自己想要完成的事。

第三次：愛

進行方式
- ★ 將上次作業「列出十項自己想要完成的事」做分享與（在黑板上）分類。
- ★ 完成句子「與家人相處最難的是……」分組討論細節。
- ★ 各組派一人報告、教師統整在黑板上。
- ★ 全班討論解決之方式或曾經用過的解決方式。
- ★ 家庭作業：對家人表示謝意或歉意（不拘形式）。

第四次：我想成為怎樣的人

進行方式
- ★ 討論上次家庭作業執行情況、嘉許同學的行動力。
- ★ 發下「八角圖」，請其他同學填寫對自己的印象或優點（要找八位同學）。
- ★ 與組員分享自己的「八角圖」，並說出自己最喜歡的特質。
- ★ 全班排成內外兩圈，兩圈人依反方向走動，碰到的每一位都需要握手，告訴對方：「你是一個好人，因為……」。
- ★ 發下回饋單檢視四次班輔所學。

✚ 知識補充站

　　班級輔導可以進行一次或者是多次。進行一次主要是教育性及預防性的成分居多，進行多次的話，可以由淺入深，將議題做更深入或全面地討論與教育，尤其是一些突發性的事件（如霸凌），需要做更徹底處理的時候，就可以進行多次班輔。

7-5 **團體進行注意事項**

進行地點

進行團體的地點很重要，最好是固定一個場所（成員容易記住、找得到，也較有安全感）、不要有一些容易讓學生分心的物品（如運動器材）或玩具擺放在那裏，會干擾團體的進行，因為會有學生去把玩弄玩具或器材，不可能專注在團體活動上；若是無他處可放，也要適當地隱藏起來。團體進行的場地也不宜太寬廣，坐不住的孩童會趁機跑來跑去，這當然也考驗領導者的「班級經營」技巧。

團體設計

團體諮商通常可以設計六至八次的活動，參與的成員不超過八至十人。在國小階段，因為學生發展情況不同，年紀越小的學生團體諮商次數要多（如一週兩次）、持續時間要短（如一次三十分鐘），而且活動要多一些、討論時間盡量聚焦且簡短，避免學生覺得無聊。若是小學高年級學生，則團體諮商可以安排一次四十至五十分鐘，一週一次即可。若有一些書寫活動或是回饋單要填寫，盡量採用簡單勾選或是簡答方式較受歡迎，很多小朋友不喜歡寫字。

如同班級輔導一樣，團體設計通常不是「一魚多吃」的型態，而是需要依據實施對象（團體成員）的反應做適度的修正。團體的內容不是重點，過程才是重點。有些新手領導人急著要把自己設計好的「行程」跑完，反而忽略了成員的感受與想法，這是錯誤的示範，因為團體不是「領導者」的，而是屬於團體「全部成員」的。

進行時間

小學中年級以上，團體時間一次可延長至三十至四十分鐘，因為他們較坐得住，但是也要注意成員的專注力情況（通常注意力一次可專注十到十五分鐘），搭配適當的活動，可以刺激其參與興趣與延長其專注力。青少年至成年人的團體，一次團體可安排二小時至三小時，中間有休息時段，團體時間基本上的計算方式以「人數」×「20 分鐘」這樣安排，可以讓參與成員都有發表的空間，也較能將一主題做徹底充分之討論。

團體的表面效度

有些是針對不同議題的族群所做的團體諮商，像是父母離異或單親家庭中適應有問題的學生、孤立沒有朋友的學生，前者可以讓同樣來自單親家庭的學生一起參與，大家分享共同的經驗與感受，後者不宜只是讓這些孤單的學生參與，他們可能缺乏的是社交技巧，團體中需要安插一些人脈廣、熱心助人的學生做為模仿的典範，才可以竟其功，要不然容易變成「汙名」團體（參加的人都被冠上「有問題」標籤），不僅難以得到家長的同意，團體效果也不彰。也因此，要注意團體的「表面效度」，名稱可以讓家長與學生都很放心，像是社交技巧團體就可以命名為「我要成為『人氣夯』」的團體，處理霸凌受害者的團體可以命名為「自信高飛」團體等，加上簡單說明團體的目的就可以。

為何需要團體（Jacob, Masson, & Harvill, 2009, pp.2~5）

團體功能	說明
經濟效益	就時間與需要投注的心力來說，比較有經濟效益。因為個別諮商是一對一，團體諮商是一對多，在人力不足的情況下（特別是學校單位），團體諮商是最符合經濟效益的，不管是在建議或諮詢、價值澄清、個人成長、支持與問題解決議題上都是如此。
共同經驗	發現自己不孤單，因為其他人也有相似的經驗或關注議題。
更多樣的資源與意見	若有許多人在團體中，自然可以提供的資源或意見就更多，使得團體經驗更有趣、更有價值。
歸屬感	團體成員因而認為自己是團體中的一員、有個屬於自己與依附的團體。
技巧練習	團體可以是一個安全與支持的場域，讓成員們練習新的技巧與行為，然後將其遷移到團體外的日常生活中。
回饋	團體成員間彼此可以接受回饋及回饋給對方。
替代學習	成員之間有類似經驗或議題分享，包括成功與失敗的經驗，從他人的經驗中可以間接學習到許多知識與技巧。
真實生活的情況	團體像一個社會縮影，也較貼近真實的生活情況，可以暫時性地取代所生活的社區。
承諾	團體成員也因為團體的期許與同儕壓力，會更願意承諾做改變，像是「戒酒匿名團體」、戒菸、減重團體等。

團體成員招募注意事項

1 注意廣告宣傳的表面效度。要在宣傳品上載明團體目標或成效，以及成員參與資格或條件。如果是要增進霸凌加害者的與人互動技巧，千萬不要將團體命名為「減少暴力」團體，表面上就不能說服潛在的參與者。

2 若是要教導成員社交或溝通技巧，最好也納入一些模範成員（至少占團體人數之一半），因為有示範與學習的功能。

3 成員若能先經過篩選最好，這樣可以保留真正需要的成員。篩選可以採用個別訪談或團體訪談的方進行。

4 在正式團體進行之前，可以與各個參與者先建立關係，這樣成員較容易在團體進行時與領導者合作。

5 團體成員以六到八人最佳，但因為可能會有人缺席，一般說來團體出席人數要大於四人（不包含領導者），這樣的互動才較有效。

6 若要經由班級導師轉介，務必事先與老師溝通清楚，推薦真正適合參與此團體的人（而不是老師不喜歡或想要懲罰的學生）。

7-6 團體進行注意事項（續一）

活動安排

年齡越小的團體，安排的小活動要多一些，因為他們比較坐不住；年齡較大的團體也要安插適當的相關活動（要與主題有關），讓他們可以即時做討論，較容易達成團體目標。每個活動最好都可以讓全部成員都參與，此外，若要讓學生做書寫動作，最好減少寫字的機會，改用其他勾選或是表演方式替代，新新一代的電腦族非常厭惡寫字。有時候在同一團體討論，因為人數多，可能只有少數敢於發言的人會發表，效果不彰，偶爾可以分成兩人或三人小組做討論，當然有時若是同一組成員不喜歡彼此，領導者也要注意該如何處理。討論時領導者可以走動巡視，必要時給予催化或協助，也就是一定要關照到所有成員。

注意力要做適度的分配

之前提過，新手諮商師容易將團體諮商變成「在團體中做個人諮商」，忽略其他成員的被注意與認可需求，也沒有催化成員之間的互動與交流，這樣的團體是失敗的，因為團體主要目的是讓成員互相學習。團體成員若是孩童或青少年，更容易在感受到被忽視或無聊時，對於團體失去興趣，也較不能從團體經驗中學習到預設的目標，因此團體領導的注意力要做適度分配，這也只有靠經驗才可能達成。團體中分配給發表人或談話者的時間也要注意，一個團體中總是有人願意分享更多、有人卻遲遲不敢冒險，事後卻又抱怨領導不公平。

「主席排」介紹

對於年齡較長（如高年級以上）、且班輔次數一次以上者，可以在中間安排幾次「主席排」活動。「主席排」顧名思義就是有一排同學擔任此次班輔的工作任務（而非傳統上由輔導教師負責一切），裡面成員依任務分派，包括主席、司儀、計分者、活動組、風紀組與其他。輔導師教師擔任諮詢者，在正式班輔活動進行之前，與負責的該排同學做幾次會議討論，提醒主席排進行程序與需要注意事項，並提供必要的資源（如海報紙、顏色筆、道具）及協助（如學習單設計、班級管理）。

主席排的主要目的是讓學生可以自己領導同儕、設計活動，這是學生本位的考量，也是讓學生可以主動參與的設計（通常同學也較喜歡參與「自己人」設計的活動）。每次主席排進行完畢，該排負責同學要與輔導老師聚會討論此次活動進行的優缺點，以為往後改進之用。

主席排的安排通常是在輔導課程進行大概中後段的時候，可以讓同學嘗試一下，但是不宜作為課程進行的唯一方式，因為中小學學生還是需要教師依據課程目標做較多的引導與教育。

不同形式的團體諮商（不限於此）

類型	說明	舉例	注意事項
依照不同理論區分	可以按照諮商師的專長理論設計團體。	阿德勒自信提升團體、夢的解析團體。	治療師需要對該理論、運作與該議題非常熟悉，不能只以技巧取勝。
依照不同議題區分	視需要達成的目的而定。	霸凌受害者社交技巧團體、家長離異生活適應團體。	最常見的團體，因為較容易計畫也有彈性。
依照不同目的區分	視其以「教育」或是「治療」為目的而設。	認識霸凌（教育）、拒絕成為霸凌受害者（治療）。	不同目的設計內容與進行方式或有不同。
依照人員加入或退出區分	「開放」與「封閉」性團體，開放性程度不同。	一般團體較屬於「封閉性」，而醫院裡的門診團體治療常常是開放性。	固定成員或是可以讓成員持續加入團體。
依照成員組成性質區分	同質性或異質性團體。	可以依照年齡、性別、族群等所關注的議題做區分。	同質性團體會有較多相似處，但也可能局限了討論的範疇。
依照時間長短期區分	可分一週一次、共八至十二週的團體，也可以進行一次（如三天兩夜）的馬拉松型態。	親密關係團體、悲傷團體。	密集式的團體容易在短時間內成員彼此認識、培養出團體凝聚力，但是不適合年幼的成員（容易疲累）。
依照結構性區分	團體進行方式與內容為有目標或無目標、預先設計好或沒有。	成長團體。	初入門的團體較多結構性者，成員知道團體流程會較為安心。
依照成員專業度區分	可以是促進專業成長或以分享為主。	同儕成長或督導團體、自助式團體。	自助式團體通常沒有固定的或專業訓練背景的領導人。

※ 註：以上只是粗分團體形式，其實團體基本上是混搭的，像是「異質性」、「成長」、「短期」、「女性」團體。

給家長的團體說明書示例

「表面效度」的部分，特別要將團體名稱朝正向的標題思考，不要讓閱聽者誤會。像是上述的「社交技能」團體，主要是增進若干成員與人互動的技巧與能力，而在發給師長的宣傳單裡，可以命名，為「我們都是好朋友——讓你更有人氣、生活更快樂」。

而在 團體目的 部分可以列出：

❶ 讓同學更了解與人互動的技巧與方式。
❷ 讓同學彼此學習如何增進情誼的策略與方法。
❸ 讓同學在校與日常生活都可以更快樂。

7-7 兒童團體諮商及其效益

團體的方式應用在兒童身上是效能最高，也最具有經濟效益的，因為兒童每天處於同儕之間，因此將他們聚集在一起，可以達到團體諮商的「人際學習」目的，而且他們也較容易彼此支持及模仿。

只是要將符合與團體目標相同的兒童聚集起來並不容易，一來諮商團體是用來治療的成分多一些，因此許多家長會因為害怕自己孩子被貼標籤、而不願意讓孩子參與；其二，有些教師對於諮商功能誤解，或是想要擺脫某些他／她不喜歡的學生，就不理會團體諮商之目的，而將孩子送到團體中；第三，孩子本身也不喜歡被排擠出一般的班級活動（感覺像是被懲罰或疏離），因此要讓孩子歡喜進入團體，會有其難度；第四，孩子雖然熟悉團體活動，但是並未參與過團體諮商，因此對於參加團體之目的、自己該如何在團體中表現，會有許多疑問要先釐清；此外，基於學生受教權，許多學校無法另外挪出時間讓孩子參與團體，因此輔導教師或諮商師只能利用早修或中午休息時間，在時間上的控制與運用就有更多挑戰。

團體領導的養成不容易，諮商師若可參與不同團體、成為團體觀察員，經過系統的課程訓練、擔任協同領導，最後獨立進行團體計畫與執行（也就是透過專業訓練及理論基礎外，了解不同主題或議題，培養自己的彈性與創意），同時有固定的督導可以請益或同儕間的互相督導，會讓自己的領導知能更精進。

一般而言，兒童喜歡與同儕一起玩樂與學習，團體諮商就是一個很好的學習與互動場合，加上團諮是經過設計、融入教育內容與活動，而其主旨是讓參與的成員有機會彼此互動、溝通，兒童的學習會較有系統與深入。

團體對兒童的協助（Henderson & Thompson, 2011/2015, p.18-1）有：

（1）成員對彼此表達關心、接納和支持，參與成員學到信任與分享。

（2）團體的真實性以及強調思考，會使參與者去探索他們的想法、情緒和行為，以及真誠的表達。

（3）團體成員表現出對彼此的了解，容忍度與接納的態度也會有所成長，協助彼此做出更成熟的選擇或決定。

小博士解說

團體諮商最難掌控的是團體成員，兒童是尚在發展的個體，每個孩子個性、習慣、與人互動方式等都有差異，因此要將其集合起來、為共同目標而努力，對團體領導的諮商師而言，是能力，也是耐心與創意的考驗。

定義團體的要素（Forsyth, 1999; Johnson & Johnson, 1994）

1 團體內成員是彼此溝通互動的

2 團體成員間是彼此影響的

3 成員彼此是互相依賴的

4 成員彼此是有關聯的

5 成員對彼此來說是有心理上的顯著意義（psychologically significant）的

6 成員擁有互相分享的身分（特殊定義）

7 團體是一個有建構的社會組織

8 團體可以「滿足個人需求的動機」

9 團體成員有「共同目的」

 個別諮商與團體諮商的差異

諮商型態／特點	個別諮商	團體諮商	注意事項
人數	一人	六人以上至十二人（或以上）（視主題或時間而定）。	資訊分享方面，團諮有更多人參與，保密就更不容易。
對象與進行方式	一對一、面對面	一對多、直接。	若只專注於若干成員，就容易忽略其他成員。
動力不同	當事人與諮商師二人	諮商師與參與成員全體，就經濟與人際層面來說效果較佳，也容易獲得支持。	有人較不習慣在他人面前說話或發表不同意見。
諮商室外的掌控	較容易掌握	較難掌控。	因為人員眾多，保密較難，也影響到成員在團體外的表現。
效果	較不易評估	效果較佳。	團體成員彼此會有歸屬感、獲得支持，也可以在類似外面社會情境的團體中學習與練習所學。
時間	較固定，一次可以四十分鐘到一小時（必要時可延長）	若以每人二十分鐘計算，可能一次團體就需要一小時以上。	團體中若有人缺席，動力就受到影響。

7-8 設計兒童團體諮商需注意事項

年齡越小的孩子，團體時間要短

一次設計二十到二十五分鐘團體、前後要有幾分鐘緩衝時間，學生可能有活動耽擱或要提早結束去做打掃工作。團體次數要多（有時甚至需要一週兩次），隨著孩子年齡增長（如高年級）就可以一次安排較長時間（如三十至四十分鐘）、次數少一些。如五、六歲兒童，持續注意力短，因此一週進行兩次二十分鐘的團體，十歲以上兒童可能一週進行兩次三十分鐘團體。一個團體內成員勿超過兩個年級最佳（如一、二年級在同一個團體，或五、六年級生在同一個團體）。

基本上，團體諮商要達其效果，次數在八次以上至十二次最佳

這樣可以讓成員將在團體中所學較容易遷移、應用到日常生活中。

團體諮商不是團康活動，

對於參與的成員來說，從事一些有意義、作為討論焦點的活動是很適合的。年齡越小的孩子，團體諮商裡面安排的活動要多一些，緊接著就是可以讓他們討論或發表意見，這樣較能達成諮商目的。

團體諮商中也會採用一些活動，但這些活動都與主題有關，主要是引發成員討論或分享之用。

設計活動一定要有目的

這也是團體諮商有別於團康活動的重點。每一次可設計一個主要活動（用來引領討論或學習），但是計畫往往趕不上變化，因此還要有「B 活動」或「B 計畫」，以備不時之需。因為有時候設計者當初所預期的效果未出現，或是造成騷亂、讓原定計畫無法執行（完整），此時就可使用預先準備的「B 活動」或「B 計畫」，省得團體領導者驚慌失措、浪費時間。

有些團體需要有正向、模範的成員加入，讓其他成員知所效仿

如人際關係、社交技巧、肯定訓練或增加自信心的團體，且其人數不能少於所有參與成員人數之一半。

團體成員是很大的一個變數

加上成員在團體中互動的多樣化，這也是考驗團體領導者（諮商師或老師）最重要的關鍵。

小博士解說

帶國小階段的諮商團體，有時候以兩人配對方式帶領較佳，因為兒童常常會有情緒或走動的問題，一位領導者可以處理個別兒童的問題，另一位領導者則繼續帶領團體，才不會因為一位兒童而忽略了其他成員。

團體招募宣傳示例

團體名稱	「人氣王訓練班」
團體目標	（一）讓成員學習與人互動的有效技巧。 （二）讓成員可以同理他人感受、拓展人脈。 （三）讓成員學校生活更快樂。
團體進行時間與次數	每週二中午 12:40-1:10PM（自 10/24 起共八次）
團體成員（招募中）資格	中年級男女生
報名方式	向班級導師報名或到學校輔導室向陳老師報名（行政大樓二樓） 錄取名單會個別通知。

 團體諮商與團康活動之區別

	團體諮商	團康活動
目的	教育與治療	娛樂
功能	學習與矯正	好玩
意義	一群有共同目的者聚集在一起互相學習與支持	一群人一起參與活動，彼此沒有心靈上的互動或交流
領導者角色	設計團體進行流程，團體計畫有邏輯、由淺入深	設計與規劃團體活動方式及內容，內容以創新、好玩、娛樂大家為主
進行方式	基本上有時間與次數的限制，以達成目標	可能是單次方式進行

+ 知識補充站

團體成員的同、異質性也要視設計者或帶領者的定義，性別、年級、障礙程度、背景、學習能力、社交技巧等，都是可以作為決定團體性質的標準，不管同質或異質性的團體，都以團體目標（看團體要達成的目標而定）為主要考量。

7-9 進行兒童團體諮商注意事項

團體諮商之前建立個人關係

輔導教師採用團體方式進行諮商，不僅可以針對同一主題做了解與解決，在時間與心力上較為經濟，團體諮商可以讓兒童自團體中學習到更多！同儕之間的學習比成人對兒童的單向教育要有效得多，倘若團體中還有兒童可以學習的楷模，學習效率自然更佳！因此，在進行團體諮商之前，最好有機會與個別學生建立關係、彼此熟悉，這樣一進入團體，他們配合的意願也會增加。

1. 團體很適合兒童。可以讓兒童在團體中表達情感與問題的機會，他們的同儕學習最快也有效，但也要注意到發展階段認知及語言表達能力的限制。

2. 利用多種媒體輔助，如：手偶、遊戲、音樂、繪畫、繪本等，活動（包括演戲、情況劇、動作、問「如果你是他，你會怎樣做」之類問題）與討論穿插。

3. 坐成一圈較容易專注與投入。

4. 人數六到八人左右。依年齡或特殊議題而有不同，時間二十至四十分鐘，原則上一週一次、年幼者一週兩次。

5. 社交或相關需要學習正向行為的團體。需要安插值得學習的「榜樣」在團體內。

6. 篩選成員部分。可以用第一次團體來做篩選，或做個別篩選——關切議題、願意合作與遵守團體規約、在團體中的要求與角色要明白告知。

7. 主要是「領導者取向」。也就是領導人要做許多規劃與介入，「結構」要嚴謹。

8. 領導者愉快、有活力與創意的聲調很重要。

9. 引導成員回到主題，因為他們容易分心。

10. 領導者的示範與帶著動作的說明很重要。

11. 領導者對於相關議題要相當了解。

12. 讓成員帶作業回家做、可以延伸諮商效果，同時也讓家人知道孩子進度與學習。

13. 讓成員在每一次團體結束時自己做摘要。這也可以作為「評估」之參考。

14. 成員會考驗領導者可能的「威權」。因此「耐性」與「同理」能力非常重要，不需要正面衝突或訓誡，而以反問或幽默帶過。

15. 可能的團體主題。聆聽與溝通，認識與處理情緒，社會技巧與友誼，學業成就與學習方式，自我概念與自信，問題解決與如何做決定，失落與哀傷（危機處理的一部分），孤單感受，校園暴力（欺凌與受害者，或兩者）等。

小博士解說

團體進行地點最好能夠固定，對年幼孩子尤然，因為他們需要有安全感、熟悉感，才能夠真正投入。有些學校無團體諮商室，或是臨時使用其他地點（如教室、舞蹈室），有其他優先活動要使用就會讓出，會讓參與團體的兒童或青少年處在不穩定的心理狀態。

兒童團體諮商領導者需具備能力（不限於此）

- 團體理論、實務與督導基礎及體驗。
- 與學校或機構人員做有效溝通與協調、維持合作關係，並讓其對諮商服務功能有清楚了解。
- 團體計畫設計、撰寫與評估能力。
- 班級管理能力、讓團體順利進行。
- 了解服務對象的發展任務、需求、目前興趣與活動。
- 彈性與開放（包括設計方案、進行團體態度與處理方式）。
- 對於生態理論有深入了解，能適當引入學生的相關資源（班導、家長、師長、同學或居住社區）。
- 協助學生將在團體中所學運用到日常生活中（如家庭作業的運用）。
- 注意教師與團體領導者的界限拿捏（學校輔導教師尤然）。

兒童團體類型與功能
（Henderson & Thompson, 2011/2015, p.18-2~18-4）

 團體類型　　　　　　 功能

團體類型	功能
心理教育團體	★使用教育的方法來獲得資訊、發展意義及與技巧。 ★協助兒童發現他們的認同問題、發展的過渡時期、課業問題及生涯規劃。 ★提供訊息、練習技巧以及從討論過程中學習。
諮商團體	★以成長為導向，著重個人的行為和發展。 ★藉由團體中與他人的互動，討論有關人際關係、社交技巧、學習技巧、價值觀、問題解決或做決定。 ★降低孤立感以及負面情緒，可以幫助自己也幫助別人。
團體治療	★處理潛意識的動機，並且以改變成員個人人格為目標。 ★可矯正遭受嚴重困擾、深層心理問題或呈現社會異常行為的問題。 ★治療目標包括重建、減輕症狀、創造一個可以探索問題的地方。

7-10 進行兒童團體其他可以討論的部分

進行兒童團體可以討論的空間，也就是可視團體目的而做適度調整或留意者：

一、同質異質性：到底應該讓同一議題（如社交技巧、同儕關係、弱勢家庭）的孩子在同一團體或是不設限？主要是看團體目標而定，沒有嚴格限制，但是若擔心團體裡面負面力量會影響學習（如霸凌者與受害者一起參與團體）就需要分開，甚至安插正面的楷模在團體中以供學習，而且人數要超過負面的成員。

二、保密的限制：兒童團體裡的成員會擔心團體中的事情外洩，或是領導者會告知其班導，因此要一再提醒團體成員或是掛保證，也可以與成員商議哪些資訊可以讓班導或同學知道。

三、設定界限與彈性：有些孩童會因為與團體領導的關係而開始測試關係界限，擔任團體領導的輔導老師要特別注意界限的「彈性」，該遵守的不放水；可以調整的，也要做適當調整。

四、篩選：許多老師推薦的學生通常與團體要針對的對象無關，有些老師只是想把「問題人物」往外推而已，因此在選擇成員之前，要詳細與可能推薦的老師們釐清與說明。若是讓學生以自我推薦的方式進入團體，有時候要拒絕他們參與就會有點困難，可能會影響他們以後參與的意願，因此輔導老師要特別說明清楚，甚至有餘力可以開其他適當的團體讓他們加入。

五、取得家長同意：學校是教育單位，輔導是屬於教育的一部分，通常學校視需要與教育目的，可以直接讓學生做進一步的輔導與諮商，因此基本上不需要家長的同意；然而現在許多家長擔心孩子被汙名化或是為了保護小孩，因此輔導或級任老師需要進一步向家長做說明、釐清一些迷思，讓孩子順利參與團體或個別諮商，因此取得家長的理解及同意是很重要的。

六、定期舉行諮商團體

以學校來說，定期或固定舉行一些主題性的諮商團體，不僅可以讓學生獲益、享受其學校生活，對諮商師與輔導教師來說，也是符合經濟效益與人力的協助方式。有些諮商團體是配合學生的發展或學習進程的，如針對國小三、四年級學生的人際關係或社交技能訓練，五、六年級的青春期發展與預備或轉銜（進入國中）的學習策略轉變；也可以有進階性的，像是「自我覺察與了解」的主題，國小一、二年級的認識自我，三、四年級的自信與挑戰，五、六年級的生涯與能力發展。

七、家長或其他團體

雖然國小階段是以學生為主，但是為了讓學生的學習有效與生活更適意，學生的家長與重要他人就非常關鍵，因此校方除了例行性的「親職教育」講座、諮詢之外，也可以思考讓家長參與相關團體（如家長成長團體、有效管教、親子共讀團體等），讓家長更有能力與能量，對學生與校方來說都是加分！

小博士解說

要讓兒童與青少年健康正向成長、成為未來社會有用之士，家長與其重要他人的資源也要納入學校輔導系統，因此學校諮商師與輔導教師若能夠加以籌劃、訓練，舉辦家長適合參與的團體，讓家長成為學校堅強的後盾，其功能若能發揮，遠比家長會要來得強大。

有效能團體領導的條件
（Schneider Corey, Corey, & Corey, 2014, pp.28~36）

條件	說明
勇氣	願意冒險、承認錯誤與不完美。
願意示範行為與態度	展現出態度與典範，創造團體的開放度、認真、尊重與接納他人。
在（presence）	對於團體當下的專注與涉入。
善意、真誠與關心	展現出裡外一致、協助的熱忱。
相信團體歷程	相信團體工作的功效。
開放	寬容與接納不同成員與其背景。
以不防衛態度因應批評	不將成員的反應「個人化」。
覺察文化上的隱微議題	文化敏銳度夠、能夠覺察差異並做適當反映與同理。
能夠同理與認同當事人的痛	同理能力佳、感受到成員的感受卻不被情緒淹沒。
相信個人力量	知道自己是誰、要的是什麼，包括自己的限制。
有活力	展現在成員面前的就是一個準備好的狀態。
自我照顧	有具體行動做好自我照顧。
自我覺察	對生命經驗開放。
幽默感	自發性的幽默感、欣賞生命。
有創意的	對不同團體會有新鮮感與建設性的創意，也願意做實驗。
個人的努力與承諾	保持好奇心，也在專業上努力。

 Yalom（1995）歸納出團體諮商的療效因子

普同性 發現自己並不孤單，因為也有其他人遇到同樣的困境或問題，因此也不需要獨自掙扎。

資訊分享 有效的資訊可以彼此分享。

注入希望 同樣的問題，別人可以解決，也許我也可以找到方法來解決。

利他性 可以互相協助，為他人的福祉貢獻己力。

原生家庭的情緒修正經驗 從原生家庭帶來的創傷，可以在團體中做修復。

模仿行為 成員中有些人的行為可以做為典範，以供效仿或學習。

發展社交技巧 在團體中不僅會看到自己的人際模式，團體成員也提供了其他的人際互動方式可供學習。

人際學習 人都是互相學習的，不管是行為、理念，或是技術，也都是彼此學習效仿的部分。

存在因子 人類生存的現實與思考，像是生老病死。

團體凝聚力 團體像一個大家庭，可以讓人有歸屬感、有極強烈的情感連結，彼此會互相支持打氣。

情緒宣洩 可以自由發洩自己的情緒，不必因為擔心而壓抑。

※ 註：這些療效因子彼此並不可切割，所指的是改變過程中的不同區塊。

7-11 **青少年團體諮商**

配合青少年發展特色

青少年處於衝突、質疑價值觀，對選擇與身體改變困惑，亟需同儕贊同的階段，有許多的自我懷疑，在獨立與依賴之間掙扎，他們會尋求同儕的認同，因此團體諮商很適合他們。青少年是面臨許多發展議題的徬徨期，也是他們極力要「長自己」關鍵期，雖然同儕的意見很重要，但是他們依然是依賴父母親的，只是要如何在「學習獨立」與「仰賴父母親」之間取得平衡，還需要時間與經驗的淬煉。少年重視同儕，因此自人際互動中，他們可以學習了解自己、世界與他人，所以團體諮商是相當有效的方式；青少年會因為反對而反對，也會挑戰權威，但是他們彼此之間的交談是更容易的，因此若能善加使用，青少年的諮商團體效益會更高！

團體諮商目標（Corder, Whiteside, & Haizlip, 1981, cited in Berg, et al., 2006, p.267）：

（1）學習表達自己的感受。

（2）學習為自己的生命負責任。

（3）學習彼此真誠互動。

（4）學習了解自己（也知道他人怎麼看自己）。

（5）從團體經驗中體會到家人的感受，可以更了解與接受自己的家庭。

（6）有歸屬感，找到了解與接受自己的團體。

（7）學習如何與他人靠近。

（8）了解自己與他人一樣。

（9）協助他人，了解自己在他人生命中的分量。

青少年團體諮商注意事項

（1）領導者必須讓參與團體的青少年了解為何有此團體？團體目標為何？讓他們有時間發問、領導者做回應，不要讓他們覺得自己是被貼標籤的，或是被強迫而來。

（2）團體結構可以讓成員有安全感，但是要有彈性。

（3）青少年因為不善於表達自己的感受，常常會偽裝自己的害怕或不自在。

（4）領導者真誠無偽的態度非常重要，因為青少年受不了假裝或不誠實。

（5）運用角色扮演或演戲方式進行，讓他們扮演別人比較不會不自在，角色扮演或演戲可以模擬真實世界的狀況，也讓成員輕鬆將所學遷移到日常生活中。

（6）青少年有許多創意，包括問題解決的方式，不要忽略其優勢。

（7）進行青少年團體，成員的性別有時是考量因素。一般說來，最好容納兩個性別的成員，同時人數相當，因為這樣成員可以從不同的角度與觀點來學習；然而將男女放在同一個團體也可能會助長性別刻板印象，或是男性急於表現、女性變得較沉默。有些議題較適合單一性別參與。

同性別的團體，女性團體可能較願意表達意見，團體進行較為順利，但是也可能有同性競爭或搞小團體的情況出現；單一男性團體就可能較沉默，不妨安插適當的相關小活動，然後再進行討論或分享。

（8）若有成員不敢在團體面前說話，就先採用兩兩討論或小組討論方式進行，領導者可以用「走動」方式巡視及協助。當然儘管有這些考量，主要還是看領導人的經驗與功力。

青少年發展特色與帶領青少年團體注意事項

青少年發展特色

尋求個人身分認同與價值觀之釐清　認知發展迅速　生理變化迅速

急於了解自己的經驗，以及隨之而來的感受與行為

維持自主獨立及與人連結間之平衡　更有社會取向、重視同儕關係

帶領青少年團體注意事項

站在「不知」、願意學習的立場

真誠、坦白與直接的態度　運用適當創意與媒材

特別留意保密、團體規則、設立界限與自我揭露

不要刻意討好青少年，保持尊重與接納態度即可

準備接受青少年的挑戰，但要做適當回應或處理　了解青少年文化與目前流行事物

青少年團體諮商可以進行的主題（不限於此）

溝通訓練　　認識壓力與解決之道　　親密關係　　社交技巧

自我認識與認同　　生涯探索　　問題解決或做決定　　網路使用與成癮

在大專院校進行諮商團體注意事項（Kincade & Kalodner, 2004, p.375）

❶ 領導者必須認同團體經驗的重要性，而非個別諮商的補充。

❷ 小型團體較適當，但也不能過小。

❸ 廣告與招徠成員很重要，必須與全校教職員關係良好。

❹ 篩選成員不是為了治療因素而已，還有保密因素。

❺ 學生對於同儕意見相當重視，因此要注意保密與隱私的議題。

❻ 準備工作攸關團體成敗。

❼ 留意學生在團體中的個別差異與特質，多元議題也應置入篩選與團體過程中。

❽ 注意學生的行事曆。

❾ 領導者需要對團體期待保持彈性，同時考量團體成員的發展階段與關切議題。

第8章
諮　詢

學習目標：

　　擔任兒童與青少年的諮商師需要發揮「諮詢」功能，以協助學生、教師、家長，讓學生的學習與生活更適意。

8-1 **諮詢對象類別與要點**

　　針對兒童與青少年做諮商，除了必須具備生態系統觀之外，還需具備諮詢（類似「顧問」）的能力，因為經常會需要與家長或老師做諮詢工作。諮詢就是輔導老師與師長一起合作商議、共同協助第三者（通常是學生）。

　　「諮詢」指的是諮商師及教師或家長（或社工等）兩方為第三者（如學生）提供協助與服務。例如導師發現班上有一名學生常有偷竊行為，已經找過家長商議，但因為是隔代教養而效果不彰，於是與輔導教師、各科任老師一起為矯正學生的偷竊行為而研商策略與行動。在這個「諮詢」過程中，求助對象是導師與科任老師（直接服務對象），而共同協助的對象是學生（共同關注的第三者）。另外，倘若是家長（直接服務對象）來請教輔導教師關於孩子學習或行為問題，然後一起研擬對策、協助該生，也是輔導教師所做的「諮詢」服務；當然，若有學生來求助（直接服務對象），希望可以協助班上某位同學（如被霸凌），也是諮詢服務的一種。

親子諮詢

　　父母親將孩子送到學校接受教育，如果孩子碰到一些問題，家長一定很想知道到底是怎麼一回事？孩子不管在家裡還是學校遭遇一些困擾，家長其中的一個諮詢對象可能就是導師或輔導老師。

　　有些家長對於自己孩子的一些特殊行為或是狀況不太了解，但是又擔心他人對孩子做了錯誤標籤（汙名化），因此即便孩子有過動或是情緒障礙，卻不願意

帶他／她去就醫，這時輔導老師或諮商師就可以發揮功能，邀請家長一起討論孩子的情況，以及可以得到的資源與協助，只要家長本身了解孩子的情況不是自己所造成，或有許多管道可以協助孩子更能適應學校生活、學習得更快樂，家長通常也願意與學校合作。這裡其實也點明了學校輔導老師或諮商師對於特殊兒童及其需求也要了解，才能提供適當的支援。

　　遇到孩子是過動兒、違抗性行為（孩子在學校有紀律問題），甚至有特殊學習障礙孩子的家長，諮商師有時候需要先處理父母親的失落經驗（因為自己的孩子特殊，對許多家長來說是不能接受的），接下來可能在教養以及孩子學習過程中，家長必須付出極大心力，諮商師也需要提供一些資源與支持，甚至有時候要針對親子關係或家庭關係做一些諮詢與建議。

　　輔導老師或諮商師是受過訓練的專業人員，對於兒童與青少年的發展及需求會比較了解，有關這方面的資訊和知識，也可以傳輸給家長，或與家長共同討論孩子需要的是什麼？該如何做？

　　有些父母親可能會將孩子明顯表達情緒或意見的方式視為不尊敬或不服從，也可能會處罰孩子，這些都可以在家長諮詢時，讓家長知道孩子這個發展階段的需求，甚至跟家長討論如何與孩子好好相處、溝通是很重要的，當然另一方面也可以跟孩子說明家長們的擔心為何、可以怎麼做？讓親子可以雙贏。

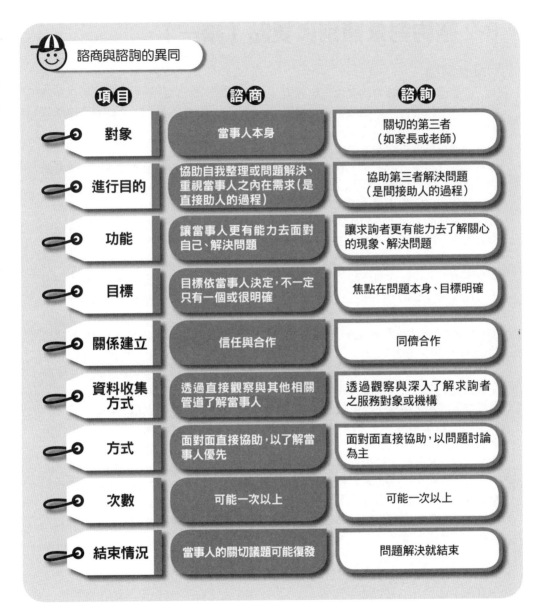

諮商與諮詢的異同

項目	諮商	諮詢
對象	當事人本身	關切的第三者（如家長或老師）
進行目的	協助自我整理或問題解決、重視當事人之內在需求（是直接助人的過程）	協助第三者解決問題（是間接助人的過程）
功能	讓當事人更有能力去面對自己、解決問題	讓求詢者更有能力去了解關心的現象、解決問題
目標	目標依當事人決定，不一定只有一個或很明確	焦點在問題本身、目標明確
關係建立	信任與合作	同儕合作
資料收集方式	透過直接觀察與其他相關管道了解當事人	透過觀察與深入了解求詢者之服務對象或機構
方式	面對面直接協助，以了解當事人優先	面對面直接協助，以問題討論為主
次數	可能一次以上	可能一次以上
結束情況	當事人的關切議題可能復發	問題解決就結束

＋ 知識補充站

孩子有違抗性行為是因為他／她部分的額葉皮質（有關情緒調節與衝動控制的部分）比一般孩子要小一些，而部分的額葉皮質（與攻擊及反社會行為有關的部分）卻比一般孩子要大。如果違抗性行為的孩子受到父母親嚴格管教，情況則可能會更嚴重。（Tucker, 2017, p.280）

8-2 諮詢對象類別與要點（續一）

師長諮詢

一般教師是站在教育的立場，雖然也需要輔導的知能，才能讓教學更順暢，而輔導老師的工作可以補足、並協助讓教育功能發揮得更全面。一般說來，輔導老師的立場與教師不同，教師可能是站在比較威權的位置，面對的是一個班級內許多位不同的學生，因此可能會比較採用統一的方式來做管教與教學，在因材施教上能夠著力的部分不多。輔導老師在班級或科任老師觀察之後，可以對學生做進一步評估與診斷，再依照孩子的需求來客製化，打造符合孩子的學習計畫與進行方式，甚至轉介給適當單位（如資源教室）或專業人員（如醫師），給予孩子適當的協助。

因為輔導老師的立場不同，比較站在學生、平權的立場，因此與學生談話過程中，可能會讓學生比較放心、不需要害怕，以這樣的關係為基礎，輔導老師就可以更了解孩子所關切的議題是什麼、可以尋求什麼樣的資源來協助孩子？班級或科任老師如果對於班上某些學生的行為不了解，即便用盡了規勸與管教方式，仍未收到預期效果時，也可以就教於輔導老師，一起商議該做哪些動作，才能讓教學更順利、讓學生能有更佳的學習效果？有時候會碰到班級老師的經營方式與學生不合，甚至引起師生嚴重對立，此時輔導老師也可以作為中間協調者介入處理，或許會有不同效果。

學生諮詢

有些學生在生活中或許遭遇同儕被霸凌、情緒爆發，或課業學習落後等情況，會想了解與協助，因此負責學生的諮詢，也是輔導教師與諮商師的工作項目之一。以美國為例，在中小學階段有所謂的「仲裁者」（mediator）訓練課程，若輔導老師可以固定讓班上幾名學生學習如何調節同儕間的紛爭，不僅讓學生可以參與第一線的協調與協助工作（類似「同儕諮商」），同時增進了學生很重要的人際關係技巧。擔任仲裁的學生若是遭遇困難，也可以請教輔導教師或諮商師，商議進一步的改進或行動方案。

諮商師需熟悉相關法令

學校輔導教師或諮商師，或是服務對象為兒童與青少年的諮商師，需要熟悉一些重要的通報規定（如所謂的「高風險家庭」），以及我國的一些相關法令，像是性別平等法、家暴法、少年刑事法等，一來可以做為教育或教學之用，二來與家長、教師或學生做諮詢時，也可能需要。

小博士解說

人類的大腦與生理發展彼此緊密纏繞，主要是為了聯繫之用。人類行為與情緒仰賴於在個體嬰幼兒期如何被對待（Vicario, & Hudgins-Mitchell, 2017, p.63）。9~11 歲的孩子面臨著依賴與進入青春期的壓力（Finnan, 2008, cited in Swank & Anthony, 2017, p.295），其腦部發展更精緻，為不同的學習做準備，自我中心的情況減少了，也會覺察到他人的觀點（Swank & Anthony, 2017, p.296）。

學校輔導工作項目

衡鑑與評估 了解學生個性與潛能、學習困擾、個別差異	**定向服務** 新生輔導、適應新環境	**生涯輔導** 興趣、性向與未來志業
安置服務 安排至適合其能力與需求的班級或教材學習	**諮詢服務** 對第三人的服務；教師、行政人員、家長等	**諮商服務** 個別與團體
追蹤服務 了解處理學生後的發展與情況	**評鑑服務** 輔導需求與績效，作為未來計畫參考	

 不良童年經驗所導致的長期健康問題
（Vicario, & Hudgins-Mitchell, 2017, p.84）

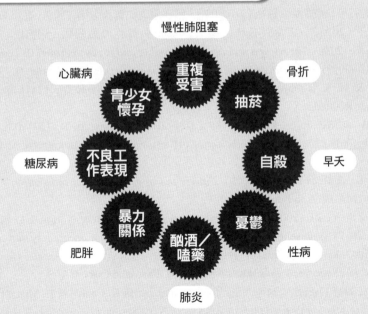

＋ 知識補充站

　　大腦要經由與他人的互動來發展，兒童若無法受到安全、關愛、注意與照護，就可能會體驗到極差的壓力或創傷，而影響其腦部之發展，若能在事後做補救，對孩子心理與腦部的改變都有意義。（Vicario, & Hudgins-Mitchell, 2017, p.70 & p.76）

參考書目

王亦玲等譯（2015），兒童心理諮商理論與技巧（第八版）。臺北：禾楓。Henderson, D. A., & Thompson, C. L. (2011). *Counseling children.*

方紫薇等譯（2001），團體心理治療的理論與實務。臺北：桂冠。Yalom, I. D.(1995). *The theory and practice of group psychotherapy.*

田秀蘭（2011），兒童生涯輔導，收錄於王文秀等著，兒童輔導原理（第三版）(pp.335~364)，臺北：心理。

林家興（2014），諮商專業倫理：臨床應用與案例分析，臺北：心理。

邱珍琬（2001），國小校園欺凌行為與對應策略，屏東：東陽。

黃孟嬌譯（2011），敘事治療的工作地圖，（Maps of narrative practice, by M. White, 2007），臺北：張老師文化。

黃俊豪、連廷嘉（2004），青少年心理學，臺北：學富。Rice, F. P., & Dolgin, K. G. (2002). *The Adolescent: Development, relationships, and culture.*

梁培勇 （2006），遊戲治療——論與實務（第二版），臺北：心理。

張傳琳（2003），現實治療法：理論與實務，臺北：心理。

鄔佩麗、陳麗英 （2011），輔導原理與實務，臺北：雙葉。

鄔佩麗、翟宗悌、陳麗英、黃裕惠 （2017），輔導原理與實務（第二版），臺北：雙葉。

修慧蘭等譯（2016），諮商與心理治療——理論與實務（第四版），臺北：雙葉。Corey, G. (2016). *Theory and practice of counseling and psychotherapy*, 10 th ed.

Andersen, H. (2003). *Postmodern social construction therapies.* In T. L. Sexton, G. R. Weeks, & M. S. Robbins (Eds.), *Handbook of family therapy* (pp.125-146). N. Y.: Brunner-Routledge.

Beck, A. A. & Weishaar, M. E. (1989). Cognitive therapy. In R. J. Corsini & D. Wedding(eds.) *Current psychotherapies* (4th ed), pp.285~320. Belmont, CA: Brooks/ cole.

Becvar, D. S., & Becvar, R. J. (2009). *Family therapy: A systemic integration* (7th ed.). Boston, MA:Pearson Education.

Berg, K. I. & Steiner, T. (2003). *Children's solution work.* N. Y.: W.W. Norton & Company.

Choate, L. (2017). Counseling emerging adults (18-21): A time of uncertainty and hope. In S. Smith-Adcock & C. Tucker (Eds.), *Counseling children & adolescents: Connecting theory, development, & diversity* (pp.373~396). Thousand Oaks, CA: Sage.

Connie, E. (2009). Overview of solution focused therapy. In E. Connie & L. Metcalf (Eds.), *The art of solution focused therapy* (pp.1~19). N.Y.: Springer.

Corey, G. (2001). *The art of integrative counseling.* Belmont, CA: Brooks/Cole.

Corey, G. (2009). *Theory and practice of counseling and psychotherapy* (8th ed.). Belmont, CA: Brooks/Cole—Thomson Learning.

Corey, G. (2013). *Case approach to counseling & psychotherapy* (International 8ᵗʰ ed.). CA: Brooks/Cole.

de Shazer, S., Dolan, Y., Korman, H., Trepper, T., McCollum, E., & Berg, I. K. (2007). *More than miracles: The state of the art of solution-focused brief therapy.* N.Y.: Routledge.

Dixon, A. L.,Rice, R. E., & Rumsey, A. (2017). Counseling with young adolescents . In S. Smith-Adcock & C. Tucker (Eds.), *Counseling children & adolescents: Connecting theory, development, & diversity* (320~342). Thousand Oaks, CA: Sage.

Dryden, W. (1999). *Rational emotive behavioral counseling in action* (2ⁿᵈ ed.). London: Sage.

Dryden, W. (2007). *Rational emotive behavioral therapy.* In W. Dryden (Ed.), *Dryden's handbook of individual therapy* (5ᵗʰ ed)(pp.352~378). London: Sage.

Duncan, B. L., Miller, S. D., & Sparks, L. A. (2003). Interactional and solution-focused brief therapies: Evolving concepts of change. In T. L. Sexton, G. R. Weeks, & M. S. Robbins (Eds.), *Handbook of family therapy* (pp.101~123). N. Y.: Brunner-Routledge.

Erikson, J. M. (1997). Life cycle completed-Erik H. Erikson (Extended version). N.Y.: W.W. Norton & Company.

Forsyth, D. R. (1999). *Group dynamics* (3ʳᵈ ed.). Belmont, CA: Brooks/Cole.

Freedman, J., & Combs, G. (1996). *Narrative therapy: The social construction of preferred realities.* N. Y.: W.W.Norton & Company.

George, R. L., & Cristiani, T. L. (1995). *Counseling theory and practice* (4ᵗʰ ed.). MA, Needham Heights: Simon & Schuster Company.

Gilliland, B. E., & James, R. K. (1998). *Theories and strategies in counseling and psychotherapy* (4ᵗʰ ed.). Needham Heights, MA: Allyn & Bacon.

Glasser, W. (1975). *Reality therapy: A new approach to psychiatry.* N. Y.: Harper & Row.

Glasser, W. (1998). *Choice theory: A new psychology of personal freedom.* N.Y.: HarperCollins.

Glasser, W. (2000). *Counseling with choice theory: The new reality therapy.* N.Y.: HarperCollins.

Glasser, W., & Wubbolding, R. (1995). Reality therapy. In R. Corsini & D. Wedding (Eds.), *Current psychotherapies* (5ᵗʰ ed)(pp.29~321).Itasca, IL: F. E. Peacock.

Goodwin, K. (2016). *Raising your child in a digital world. Australia*: Finch Publishing Pty Limited.

Halbur, D. A., & Halbur, K. V. (2006). *Developing your theoretical orientation in counseling and psychotherapy.* Boston, MA: Pearson Education, Inc.

Jacob, E. E., Masson, R. L. L., & Harvill, R. L. (2009). *Group counseling: Strategies & Skills* (7ᵗʰ ed.). Pacific Grove, CA: Brooks/Cole.

Johnson, D. W. & Johnson, F. P. (1994). Joining Together: *Group theory & group skills.* IL,

Boston:Allyn & Bacon.

Kellogg, S. H., & Young, J. E. (2008). Cognitive therapy. In J. L. Lebow (ed.), *Twenty-first century psychotherapies: Contemporary approaches to theory & practice* (pp.43-79). Hoboken, N. J.: John Wiley & Sons.

Kincade, E. A., & Kalodner, C. R. (2004). The use of groups in college and university counseling centers. In J. L. DeLucia-Waack, D. A. Gerrity, C. R. Kalodner, & M. T. Riva (Eds.), *Handbook of Group counseling* & psychotherapy(pp.366~377). Thousand Oaks, CA: Sage.

Lipchik, E. (2002). *Beyond technique in solution-focused therapy: Working with emotions and the therapeutic relationship.* N. Y.: Sage.

Micucci, J. A. (1998). *The adolescent in family therapy: Breaking the cycle of conflict and control.* N.Y.: The Guilford Press.

Mitrani, V. B, & Perez, M. A. (2003). Structural-strategic approaches to couple and family therapy. In T. L. Sexton, G. R. Weeks, & M. S. Robbins (Eds.), *Handbook of family therapy* (pp.177~200). N. Y.: Brunner-Routledge.

Moorey, S. (2007). Cognitive therapy. In W. Dryden (Ed.), *Dryden's handbook of individual therapy* (5th ed)(pp.297~326). London: Sage.

Moritsugu, J., Vera, E., Wong, F. Y., & Duffy, K. G. (2016). *Community psychology* (5th ed.). NY.: Routledge.

Murphy, J. (1997). *Solution-focused counseling in middle and high schools.* Alexandria, VA: American Counseling Association.

Nichols, M. P. (2010). *Family therapy: Concepts and methods* (9th ed.). Boston, MA: Allyn & Bacon.

Nystul, M. S. (2006). *Introduction to counseling: An art and science perspective* (3rd ed). Boston, MA:Pearson.

O'Connell, B. (2007). Solution-focused therapy. In W. Dryden (Ed.), *Dryden's handbook of individual therapy* (5th ed)(pp.379~400). London: Sage.

Okun, B. F., & Suyemoto, K. L. (2013). *Conceptualization and treatment planning for effective helping.* CA: Brooks/Cole.

Paladino, D. & DeLorenzi, L. (2017). Counseling with older adolescents (15~19). In S. Smith-Adcock & C. Tucker (Eds.), *Counseling children & adolescents: Connecting theory, development, & diversity* (pp.343~372). Thousand Oaks, CA: Sage.

Payne, M. (2000). *Narrative therapy: An introduction for counselors.* London: Sage.

Payne, M. (2007). Narrative therapy. In Dryden, W. (Ed.), *Dryden;s handbook of individual therapy* (5th ed) (pp.401~423). London: Sage.

Reid, H. (2011). Using motivational interviewing to engage young people in timely interventions. In H. Reid & J. Westergaard, *Effective counseling with young people* (pp.113~127). Exeter, UK: Learning Matters Ltd.

Reid, H. (2011). Working with solution-focused approaches for counseling young people. In H. Reid & J. Westergaard, *Effective counseling with young people* (pp.128~145). Exeter, UK: Learning Matters Ltd.

Reid, H. (2011). Engaging young people through the use of a narrative approach to counseling people. In H. Reid & J. Westergaard, *Effective counseling with young people* (pp.146~162). Exeter, UK: Learning Matters Ltd.

Schneider Corey, M. & Corey, G. (2011). *Becoming a helper* (6ᵗʰ ed.). Belmont, CA: Brooks/Cole.

Schneider Corey, M., Corey, G., & Corey, C. (2014). *Groups process & practice* (9ᵗʰ ed.). Belmont, CA: Brooks/Cole.

Seligman, L. (2006). *Theories of counseling and psychotherapy: Systems, strategies, and skills* (2ⁿᵈ ed). Upper Saddle River, NJ: Pearson Prentice Hall.

Sharf, R. S. (2012). *Theories of psychotherapy & counseling concepts & cases* (5ᵗʰ ed.). Belmont ,CA: Brooks/Cole.

Smith-Adcock, S., & Pereira, J. (2017). The counseling process: Establishing a therapeutic alliance. In S. Smith-Adcock & C. Tucker (Eds.), *Counseling children & adolescents: Connecting theory, development, & diversity* (pp.98-119). Thousand Oaks, CA: Sage.

Staton, A. R., Benson, A. J., Briggs, M. K., Cowan, E., Echterling, L. G., Evans, W. F., et al., (2007). *Becoming a community counselor: Personal & professional explorations. Boston,* IL: Lahaska Press.

Swank, J, & Anthony, C. (2017). Counseling with older children (9~11), In S. Smith-Adcock & C. Tucker (Eds.), *Counseling children & adolescents: Connecting theory, development, & diversity* (pp.295~319). Thousand Oaks, CA: Sage

Tarragona, M. (2008). Postmordern/postructturalist therapies. In J. L. Lebow (Ed.), *Twenty-first century psychotherapies: Contemporary approaches to theory & practice* (pp.167~205). Hoboken, N. J.: John Wiley & Sons.

Tucker, C. (2017). *Counseling with young children (5~8)* and their families. In S. Smith-Adcock & C. Tucker (Eds.), *Counseling children & adolescents*: Connecting theory, development, & diversity (pp.270~294). Thousand Oaks, CA: Sage.

Vicario, M., & Hudgins-Mitchell, C. (2017). Attachment, trauma, and repair from infant to adolescent development: Counseling implications from neurobiology. In S. Smith-Adcock & C. Tucker (Eds.), *Counseling children & adolescents: Connecting theory, development, & diversity* (pp.59~97). Thousand Oaks, CA: Sage.

Welfel, E. R. (2010). *Ethics in counseling and psychotherapy: Standards, research, and emerging issues* (4ᵗʰ ed.).Belmont, CA: Brooks/Cole.

Westergaard, J. (2011). Understanding adolescent development. In H. Reid & J. Westergaard, *Effective counseling with young people* (pp.7~22). Exeter, UK: Learning Matters Ltd.

Westergaard, J. (2011). Exploring person-centered principles and developing counseling skills. In H. Reid & J. Westergaard, *Effective counseling with young people* (pp.40~58). Exeter, UK: Learning Matters Ltd.

Yalom, I. D. (1995). *The theory & practice of group psychotherapy* (4th ed.). N. Y.:BasicBooks.

國家圖書館出版品預行編目資料

圖解兒童及青少年輔導與諮商／邱珍琬著.
——二版.——臺北市：五南圖書出版股份
有限公司, 2023.03
　面；　公分
ISBN 978-626-343-810-1(（平裝)

1.CST: 教育輔導　2.CST: 青少年輔導
3.CST: 心理諮商

527.4　　　　　　　　　112001320

1BOJ

圖解兒童及青少年輔導與諮商

作　　者 ― 邱珍琬（149.2）

發 行 人 ― 楊榮川

總 經 理 ― 楊士清

總 編 輯 ― 楊秀麗

副總編輯 ― 王俐文

責任編輯 ― 金明芬

封面設計 ― 王麗娟

出 版 者 ― 五南圖書出版股份有限公司

地　　址 ： 106臺北市大安區和平東路二段339號4樓

電　　話 ： (02)2705-5066　　傳　真 ： (02)2706-6100

網　　址 ： https://www.wunan.com.tw

電子郵件 ： wunan@wunan.com.tw

劃撥帳號 ： 01068953

戶　　名 ： 五南圖書出版股份有限公司

法律顧問 ： 林勝安律師

出版日期 ： 2018年10月初版一刷
　　　　　　2021年 8 月初版二刷
　　　　　　2023年 3 月二版一刷
　　　　　　2023年 9 月二版二刷

定　　價 ： 新臺幣380元

經典永恆・名著常在

五十週年的獻禮——經典名著文庫

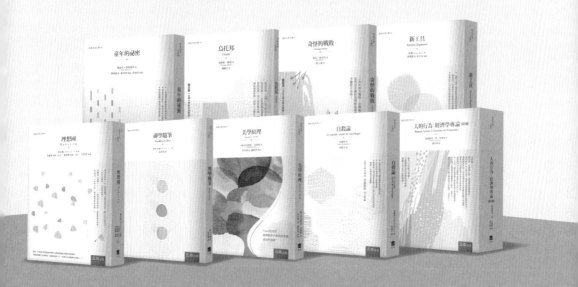

五南，五十年了，半個世紀，人生旅程的一大半，走過來了。

思索著，邁向百年的未來歷程，能為知識界、文化學術界作些什麼？

在速食文化的生態下，有什麼值得讓人雋永品味的？

歷代經典・當今名著，經過時間的洗禮，千錘百鍊，流傳至今，光芒耀人；

不僅使我們能領悟前人的智慧，同時也增深加廣我們思考的深度與視野。

我們決心投入巨資，有計畫的系統梳選，成立「經典名著文庫」，

希望收入古今中外思想性的、充滿睿智與獨見的經典、名著。

這是一項理想性的、永續性的巨大出版工程。

不在意讀者的眾寡，只考慮它的學術價值，力求完整展現先哲思想的軌跡；

為知識界開啟一片智慧之窗，營造一座百花綻放的世界文明公園，

任君遨遊、取菁吸蜜、嘉惠學子！